JN077612

オンライン研修ハンドブック

退屈な研修が「実践的な学び」に変わる学習設計

中村文子、ボブ・パイク 著

WRITTEN BY AYAKO NAKAMURA　　BOB PIKE

日本能率協会マネジメントセンター

　昨年の今ごろは、このような本をみなさまにお届けする日を、想像もしていませんでした。

　「世の中から退屈で身につかない研修や授業をゼロにすることにお役立ていただきたい」という想いで続けている「参加者主体の研修手法」を開発したボブ・パイクとの共著が、本書で5冊目となりました。

　今回のテーマは「オンライン研修」です。

　2020年3月に、シリーズ4冊目となる『研修ファシリテーションハンドブック』をお届けした時、「シリーズとしてはこれでいったん完結した」と本当に思っていました。
　ですが、ちょうどそのころ、「対面集合研修が行えない」事態になったのです。

　私自身は、15年にわたるボブ・パイク・グループとの提携、そしてATD（Association for Talent Development）のカンファレンスに何度も足を運んだ経験などから、アメリカでのオンライン研修の広がりは見聞きしていました。
　ですが、正直に申し上げて、まったく興味がわきませんでした。対面での研修で、参加者のみなさまと関わりながら学びの場を提供することが好きで、オンライン研修は楽しそうに思えなかったのです。

　本書と同時発売の『オンライン研修アクティビティ』の著者であるベッキー・パイク・プルースは、ボブ・パイクの娘で、ボブ・パイク・グループの後継者です。ベッキーが10年以上前から楽しそうにオンライン研修をしているのを、「次世代」のことと傍観していました。

ところが2020年春、「対面での集合研修が行えない」事態になり、「研修のオンライン化」という緊急事態を乗り越えようと試行錯誤する講師や教員のみなさまの様子が、日々、見えてきました。日本では、それまであまりニーズがなかったため、ノウハウがなく、講師も参加者も困っている状況でした。

　一方で、先に述べたように、アメリカには実績も、ノウハウも、ベストプラクティスと言われるようなものも存在しています。ですが、ニーズがなかった日本には、それは入ってきていなかったのです。

　そのギャップを見た時、おこがましいのですが、「この橋渡しをするのが、自分のミッションだ」と感じられました。
「これまでの15年間で培ってきたボブ・パイクの参加者主体の研修手法を用いて、オンライン研修をもっと効果的に行うお手伝いをしなければ」という気持ちになったのです。「オンライン研修には興味がないと、言っている場合ではない」と。

　そして、急ピッチでまずは自分自身が学び、そして、みなさまにお届けする準備を進めました。

　それから約１年間、ひたすらオンラインで、「オンライン研修を効果的に行うためのノウハウ」のご提供を続けてきました。本書には、短期間ではありますが、凝縮された時間の中での経験から得たことも多く盛り込んでいます。

　最初は緊急対応でしたが、今後は質が問われます。みなさまのオンライン研修の効果を高めるために、本書をお役に立てば光栄です。

　これまでに拙著をお読みいただいたり、研修にご参加いただいたりしている方には、復習になる内容も含まれています。それをオンラインでどう発展させられるかを発見していただければ幸甚です。

・・・

　これからオンライン研修を始める方、はじめてボブ・パイクの「参加者主体の研修手法」に触れる方には、ぜひじっくりとお読みいただき、ご活用いただければと願っています。

　オンライン研修は一時しのぎではありません。対面での研修が戻ってきても、対面とオンラインの組み合わせ（ブレンディッドラーニング）が定着するでしょう。
「対面ができないから仕方ない」という位置づけではなく、オンラインだからこその意義のある学びの場を創り出すためにご活用いただくことを、心から願っております。

2021年3月
ダイナミックヒューマンキャピタル株式会社
中村文子

＊なお、本書はZOOMなどのツールの使い方についての解説書ではありません。
　オンライン上での効果的な学びを実現させるための原理原則、研修デザインやファシリテーションについて、対面と比較しながら整理検討することを目的としています。

C O N T E N T S

1−3　効果的なオンライン研修の基本

第2章　参加者主体のオンライン研修の基本原則

2−1　大切なのは講師ではなく参加者

2−2　伝えたからといって、相手が学んだとは限らない

2−3　研修の目的は「結果」を出すこと

第3章　参加者主体のオンライン研修をデザインする

第4章　参加者主体のオンライン研修のファシリテーション

第5章　困った場面とその対処法

第 1 章

学 習 効 果 を 高 め る
オ ン ラ イ ン 研 修 と は

Virtual Training Handbook

1-1

オンライン研修に関する
よくある誤解

　2020年春以降、急激に進んだ「研修のオンライン化」。
リアルでの研修が難しくなった中で、「何とかオンライン化
した」という方は少なくないかもしれません。

　しかし、「オンライン化」すれば、効果的な研修ができる
とは限りません。

　それでは、効果的なオンライン研修は、どのように進めて
いけば良いでしょうか。

　この疑問を考える糸口として、まずはオンライン研修に関
する「よくある誤解」を検証していきましょう。

本項の
Key word

「参加者主体の研修」
「ビデオのオン／オフ」
「学習効果」
「講師の役割」

「研修のオンライン化」のために必要なこと

「研修のオンライン化」が始まった

2020年３月、対面での集合研修が行えない事態は、突然やってきました。

状況が好転するまで延期となった研修、キャンセルになった研修も多かったかもしれません。しかし、４月から始まる新入社員研修をはじめ、延期やキャンセルをすることができないものもあります。

それに、「状況が好転する日」はそんなにすぐにはやってこないのではないか──そんな様子が見られる中で、**「これまで対面集合で行っていた研修を、オンラインで行う」**という緊急かつ重要なニーズが生まれたのです。

それは、多くの方にとって、万全な準備を期して臨む変化ではありませんでした。研修を行う講師はもちろん、大学や高校・中学校・小学校などの教員の方々、人材開発担当の方もそうですし、研修や授業を受ける参加者・受講者にとっても同様です。

ある日、突然、「来週の研修（授業）はオンラインで行います」ということになったわけです。

こうした「研修のオンライン化」に直面した時、まず最低限必要だったのは、次のものでしょう。

◎**研修のオンライン化で必要なもの（例）**

　●**講師側**
　・ZoomやTeamsなどのプラットフォーム
　・配信できるインターネット回線
　・配信するためのパソコン
　・（内臓でも外付けでもいいので）カメラ、マイクなど機器類
　・配信できる場所　など

　●**参加する側**
　・インターネットに接続されているパソコン、タブレット、スマート
　　フォンなどのデバイス
　・（内臓でも外付けでもいいので）カメラ、イヤホンなど映像や音声を
　　やり取りできる機器類
　・研修に参加できる場所　など

　万全な準備を期して迎える変化であれば、「より快適になるような準備」
を行ったうえでスタートできたかもしれませんが、「そんな余裕はなかっ
た」という方は非常に多かったように見受けられます。
　最低限のものを何とか用意して走り出した──日本における「研修のオ
ンライン化」は、多くの方にとってこうした状況だったのではないでしょ
うか。

「効果的なオンライン研修」を行うために

　「とにかく、必要な研修を必要な方に届けなければいけない！」
　そんな緊急のニーズに何とか対応できたのは、すばらしいことだったと
思います。
　「オンライン化」が進む中で、新たなニーズが生まれています。それは、
「オンライン研修の質の向上」です。環境の変化に対応して、従来の研修
のオンライン化を行いながら、研修の質の向上や、学習環境の改善、コン

テンツの向上といった試行錯誤も同時に行う必要があるというわけです。

　今、研修・授業を提供する講師・教員のみなさまは、本当に大変な状況に置かれている——心からそのように感じます。

　一方で、さまざまなオンライン研修・オンライン授業の様子をうかがう中で、いくつかの「誤解」が生じているのではないかと考えています。

　特に、著者（中村）がそのように感じたのは次の３点です。

　次のページからは、これらの「誤解」をもとに、効果的なオンライン研修を行うために必要なものを検討していきたいと思います。

◎オンライン研修に関する３つの誤解

　誤解１：オンライン研修は、講師の講義を「配信」することなのか

　誤解２：オンライン研修で、講師の存在をアピールする必要はあるのか

　誤解３：オンライン研修では、テクノロジーを使いこなすことが最重要なのか

誤解1　オンライン研修は、講師の講義を「配信」することなのか

オンラインで学習に集中し続けることの難しさ

　研修のオンライン化が始まってすぐの頃に多く見受けられたのは、「講師が話している姿を配信する」というスタイルのものでした。講師が画面に向かって話している様子、時には講師の後ろに設置されているホワイトボードを使って何かを説明したりしている様子を、参加者に見てもらうというタイプの研修です。

　これは、それまで対面の集合研修で行っていたことを、そのままオンラインで行おうとしたものだと考えられるでしょう。

　たしかに対面での研修の場合、講師の魅力的な講義や、講師自身の発するエネルギー、場の雰囲気によって引き込まれてしまい、「あっという間に時間が経っていた」と感じられるほど学習に集中するというケースは少なくありません。

　しかし、対面での研修とオンライン研修で、根本的に異なる点がひとつあります。

　それは、**人が同じ空間にはいない**という点です。

　どれだけ講師が話す様子を伝える映像や音声の質を高める努力をしたとしても、講師自身の発するエネルギーや場の雰囲気を、対面の時とまったく同等に伝えることは難しいのです。

　オンライン研修では、講師の話に引き込まれ、内容に集中し続けられる時間は、対面の時より短くなります（後に詳しく述べますが、オンライン研修では4分ごとに参加者にリアクションを求めたり、問いかけたりして巻き込むことで集中を持続させるようにします）。

「講義」を聞く・見るのが効果的なオンライン研修なのか

　とはいえ、効果的なオンライン研修を行うためには、講師は講義をしてはいけないというわけではありません。もちろん、講師が講義をする時間は必要なものです。

　ですが、**参加者が、それ（講義）をひたすら「見る」「聞く」というスタイルが、オンライン研修のあるべき姿なのかということは、考える必要がある**ことでしょう。

　なお、研修のオンライン化に際して、講師からこうした声を聞くことがありました。

「反応がないからしゃべりにくい」
「カメラに向かって孤独に話し続けるのがつらい」

　これは図1-1の状態です。

　こうした一方的な講義が、効果的な学習につながる可能性は、残念ながら非常に低いと言えます。なぜならば、**研修は、「説明する」「伝える」ことが目的ではない**からです。

　すべての研修は、「結果」を得るために行うものです。**講師は、参加者が研修で学んだことを活かして、さらに活躍してもらう手助けをする存在**なのです。研修で学んだことを参加者自身が活かしてこそ、講師の役割がはたされるのです。

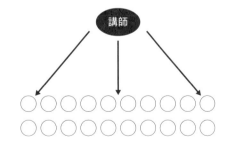

図1-1　講師による一方通行の講義

講師と参加者の双方向のやり取りがあれば十分なのか

図1-1のように講師による一方的な講義が効果的ではないという点は、多くの方が納得されることかと思います。参加者が受け身ではなく、主体的に学んでもらえるように、参加者に問いかけを行っている方も多いのではないでしょうか。

たとえば、参加者からの発言を引き出そうと、このような言葉を発している方もいるかもしれません。

「ここまで、よろしいですか？　ＯＫであればＯＫサインをジェスチャーで教えてください」
「疑問点がある方は手を挙げて教えてください」

これは図1-2の状態です。
図1-1よりは参加者を巻き込み、双方向な研修を進められていて良さそうだと感じるかもしれませんが、はたしてそうでしょうか。

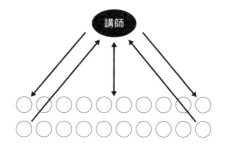

図1-2　講師と参加者の対話のみ

著者らが提唱する**「参加者主体の研修」**では、図1-3の状態をつくることを推奨しています。なぜならば、**参加者同士が関わり、学び合いが起き、学びを深めたり、新しいものを創り出したりすることにこそ、集合する価値がある**と考えるからです。
これは対面の集合研修でもオンライ

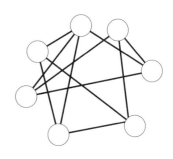

図1-3　参加者同士の対話

ン研修でも同じです。

「配信」するスタイルのオンライン研修（図1-1のスタイル）では、こうした参加者同士の学び合いは実現できません。

また、図1-2のスタイルも、十分ではありません。つまり、**講師と参加者の１対１のやり取りに加え、参加者同士が話すことが含まれた対話の形をつくり、集合するからこそ得られる価値のある学びの場を提供する**ことが、本書が目指す**「参加者主体の研修」**なのです。

研修は、講師から正解を学ぶだけの場ではありません。正解を学ぶだけであれば、Eラーニングや書籍などでも十分であり、オンライン上に集合して研修を行う必要はないかもしれません。

本書で目指す「参加者主体の研修」においては、**「参加者同士の対話」**が欠かせません。参加者同士が対話をすることで、考えが深まったり、課題を自力で解決できたり、経験や事例のシェアから学ぶことができたりと、学びが豊かになるからです。

オンライン研修は「カメラ・オン」が必須？

なお、少し話がそれますが、図1-2の状態で、「リアクションがないと話しにくいから、参加者にリアクションを求める」というケースがあるようです。

しかし、それは講師都合の発想です。

参加者の学びにとって意味があるというより、講師にとっての安心材料に過ぎないのです。**研修で行うことは、講師の都合より参加者の学びの効果を優先すべき**ではないでしょうか。

そもそも、参加者のリアクションを目で確認するためには、前提として、参加者のカメラが全員「オン」になっている必要があります。

オンライン研修においては、参加者の参加姿勢や、反応を講師が視覚で確認できるようにするために、カメラを「オン」にすることを求めるケー

スが多いと見聞きしますが、はたしてこれは、参加者の学びにとってプラスの影響を及ぼすのでしょうか？

　人の目は明るいものや動くものに反応するのが自然です。
　オンライン研修でスライドの周辺に講師やほかの参加者、そして自分の映像があると、そちらに目が行きます。他人の様子も気になりますが、自分のカメラ映りも気になります。これは見方を変えると、他人や自分の映像は、学習内容に集中することへの妨げの要因になるということです。
　このように考えると、**講師が参加者の様子を視覚上で確認することよりも、参加者の集中を高めたり、学びやすい環境をつくったりすることを優先するならば、カメラはオフにするほうが良い**と言えます。

その研修は、本当に集合して行う必要があるものなのか

　また、オンラインで講義を「配信」する研修においては、話し方や説明の仕方といった講師のデリバリー・スキルが高くない場合、その研修は、参加者にとって、かなり苦痛なものになるでしょう。

　そのような質の研修なのであれば、オンライン上で集合して研修を行うよりも、デリバリー・スキルに長けた講師が行う講義動画を、オンデマンド配信し、個別学習を行ってもらうほうが効果的だと言えるでしょう。

　なお、これは、オンライン研修だからこそ生じているものではなく、それ以前の**「研修デザイン（インストラクショナルデザイン）」や「デリバリー・スキル」の課題**です。

「オンラインでは、参加者の反応が見えない」という多くの講師が感じた印象は、実は、とても重要な問題を提起しています。

　これまで図1-2のスタイルで研修を行ってきた方々は、場の空気や参加者の様子を見て、臨機応変に対応していたのでしょう。うなずいている姿を見て、「理解されている」「受け止めてくれている」と感じる、困惑している表情の人がいたら声をかける、リアクションが必要な時は誰かを指名して発言を求める──こうした判断を、「その場」で行っていたことでしょう。ここに挙げたような臨機応変な対応ができることが、講師にとって重要なスキルだと考えている方も少なくないかもしれません。

　ですが、**オンライン研修では、「その場の判断」を行うための視覚情報が激減する**ことになります。よって、「参加者の反応が見えない」ため、困惑する講師が多くなるのです。

　本書が提案する「参加者主体の研修」では、参加者全員を巻き込むこと、そして参加者同士の対話を重視するというのは、先ほども述べたことです。

　たとえば、「理解できているかどうか」を確認する場合、一般的な研修とは次のような点が異なります。

◎「理解できているかどうか」を確認する場合の対応例：一般的な研修

1人の参加者を指名する

発言を求める

参加者の受け答えから、理解度をつかむ

◎「理解できているかどうか」を確認する場合の対応例：参加者主体の研修

全員に問いかける

まず個人で考える時間をとる

全員の理解度を確認する（方法例：ペアで確認をする、アンケート・投票機能を使って全員に回答してもらう、画面にスタンプを押す）

　このような方法を活用することで、全員を巻き込むことができます。さらに、アンケート機能を使っての回答は声を出して発言するよりも気軽に参加できるため、率直な反応を全員から得ることができるというメリットがあります。

オンラインのツールの使い方を知っていることが最重要なのか

　こうした事例をご紹介すると、次のような質問の声を聞くことがあります。

「投票機能やアンケート、画面にスタンプを押す方法など、オンラインのツールの使い方を知っていることが、オンライン研修を行ううえでは一番

重要なんですよね」

　もちろん、そうした側面もあるかもしれませんが、オンラインのツールの使い方を知っているだけで、参加者を巻き込んだ効果的な研修が行えるわけではありません。

　そもそも、インストラクショナルデザインの段階で、講師と参加者の対話を中心として進む図1-2のスタイルに終始することなく、図1-3のように参加者同士が対話をしながら学習をするものとなっているでしょうか？

　そうしたデザインを行ったうえで、「オンライン上で、ツールは何を使えばいいのか」を検討することになります。

　ここまでをまとめると、「講師の講義を配信」するスタイルで「反応が見えない」という課題に直面した人は、次の３つのステップに沿って考えてみてはいかがでしょうか。

POINT!

◎「講義配信」型を「参加者主体の研修」にする手順

ステップ１	その時間で参加者に何を習得して欲しいか（目的）を明確にする
ステップ２	目的を達成するために、「参加者主体の研修」理論に沿ったインストラクショナルデザインに変更する
ステップ３	オンライン特有のツールの使い方を工夫する

誤解2　オンライン研修で、講師の存在を　アピールする必要はあるのか

「講師にとって最高のほめ言葉」とは

　講師の役割を考える際、著者（ボブ）のこれまでの経験で、印象的だった出来事があります。

　あるカンファレンスに登壇した時のことです。講演終了後に参加者の1人から声をかけられました。

「以前、ボブ・パイク・グループの研修に参加したことがあり、とても多くのことを学び、実践して成果を出せていて、今でもその時の学びにとても感謝しています。今日はその創設者であるボブ本人から学べて光栄でした」

　その話を聞き、うれしくなり、このように依頼しました。

「その研修を担当した講師に感謝を伝えたいので、講師をしていたのは誰だったか教えてくれませんか？」

　するとその方は困惑したような様子で、「残念なのですが、講師が誰だったか思い出せないんです」と答えました。

　その言葉を聞き、もっとうれしくなりました。

「講師が誰だったか思い出せないけれども、学びを実践して成果が出ている」というのは、講師にとって最高のほめ言葉だからです。

　研修で大切なのは、参加者が講師のインパクトに圧倒されたり、講師を尊敬したりすることではありません。学びを職場に持ち帰って実践し、成果を出すことだからです（なお、会話を続ける中で、男性か女性か、開催場所、何年くらい前かなどの手がかりから、講師が誰だったか見当がつき、感謝を伝えることができました）。

　みなさまは、こうした経験をしたことがあるでしょうか？

　おそらく、逆の経験をしたことがあるという方のほうが多いかもしれません。つまり、過去に参加した研修で、講師がどんな人だったかは思い出

せるけれども、研修で学んだことは記憶にない、という状況です。

研修の成果としてどちらが良いのかは、言うまでもないことです。また、ここから「講師に求められる役割」が見えてくるのではないでしょうか。

オンラインでは、講師の魅力は伝わりづらくなる

研修オンライン化が進む中で、とても多く見られたのが、「講師が話している姿を配信する」というパターンだったというのは、前述の通りです。

その中で、より参加者を引きつけるために「講師の見栄えにこだわる」という流れも出てきました。外見や映像の質だけではなく、インパクトのある言動によって参加者を巻き込むなど、さまざまな工夫をされた方も多いのではないかと思います。

ですが、対面での集合研修と、オンライン研修では決定的に異なることがあります。それは、講師が発するパワーやオーラが画面の向こうには届きにくいという点です。

対面での集合研修では、目の前にいる講師がもつパワーやオーラ、インパクトは、直接、参加者に伝わります。魅力的な人物であれば、参加者は引き込まれていくことでしょう。

そうした「魅力」をもっていることは、講師にとって必要なことのひとつだと言えます。

ですが、オンライン研修では、対面での集合研修のようにはいきません。カメラ映りや画面の構成をどれだけ工夫しても、限界があります。

その差は、テレビや動画で見るミュージシャンの演奏と、ライブでの演奏の違いをイメージするとわかりやすいかもしれません。画面越しでよく見ている姿だとしても、どれだけすばらしい映像であったとしても、生で見た時に感じるインパクトやオーラには敵わないのではないでしょうか。

オンライン研修における講師の役割

　ではどうすればいいのでしょうか？

　もっとカメラ映りを良くし、構成を工夫し、素敵なクロマキー動画になるよう努力する、ということでしょうか。もちろん講師の印象は大切です。

　ですが、**もっとも大切なのは、講師を印象づけることではなく、研修の「内容」を学び、実践して成果を出してもらうこと**なのです。

　対面での集合研修とオンライン研修では、次のように発想を変える必要があります。

◎参加者の学習意欲を引き出すには？

　●**対面での集合研修の場合**

講師の人としての魅力で参加者を引きつける

講師を通して研修の内容に興味をもってもらい、学んでもらう

　●**オンライン研修の場合**

研修の内容自体に興味をもってもらう

参加するメリットを感じてもらう

学びの場に関わろうという姿勢になり、学んでもらう

　このように、**研修の内容自体に興味をもってもらい、参加するメリットを感じてもらい、前のめりで参加してもらえる状態をつくることが、オン**

ライン研修における講師の役割です。こうした状態がつくれたら、参加者は、講師はもちろんのこと、ほかの参加者とも良好な関係を構築し、意欲的に学習に取り組めるのではないでしょうか。

研修は、講師の自己紹介から始まるのが良い？

　講師の役割ということに関連して、この問いについて検証してみましょう。

「研修冒頭に講師の自己紹介をする」（または事務局が講師のプロフィールを紹介する）のは、はたして効果的と言えるでしょうか？

　もしかしたら、講師だけではなく、参加者の自己紹介も研修冒頭に行うケースが多いかもしれません。

　ですが、脳科学の観点から言うと、あまりお勧めはできない方法です。

　後に詳しく説明していきますが、**脳は最初に触れた情報と、最後に触れた情報を記憶に留めやすい**という事実があります。つまり、「研修冒頭に何を言うか、何をするか」「研修の最後に何を言うか、何をするか」が、記憶に残りやすいのです。

　研修冒頭で自己紹介をするというのは、この貴重なスポットを講師のプロフィールや参加者の自己紹介などが占めることになるので、とてももったいないのです。

　さらにオンライン研修では、講師の放つインパクト、エネルギーは、画面越しのため減少してしまいます。また、参加者の立場になれば、様子がよくわからない中で自己紹介を求められることは、大きなストレスにもなり得ます。**ストレス状態にある脳は、学習能力が低下する**ということも見過ごせない事実と言えます。

　研修の冒頭は、講師・参加者同士の自己紹介ではなく、研修内容に関連があり、理解してもらいたいことや、持ち帰ってもらいたい大切な内容をとり

あげるようにします。さらに、学ぶ態勢のスイッチをオンにしてもらうためには、「講師の話を聞く」という受け身なスタイルではなく、「考える」、そして「参加者が何かリアクションを示す」ような内容を工夫すると良いでしょう。

◎オンライン研修のオープニング

・講師の自己紹介
・参加者同士の自己紹介

インパクトのあるアクティビティ
（例）
・研修でとりあげる数値を予測してもらうクイズ
「〇〇について『はい』と答えた顧客は何％だと思いますか？」
「この商品を買った方の何％がリピートしたと思いますか？」
・研修内容に関わるクイズを出題し、リアクションを求める
「部下から上司へのリクエストで一番多かったのは次の３つのうち、どれだと思いますか？」
「商品Ａが選ばれる理由として一番多いのは、次の３つのうち、どれだと思いますか？」

　なお、リアクションを求める場合、誰かを指名して発言を求めるのではなく、次のような全員が参画できる方法を用いるようにします。全員が参画する方法を使うことで、スタートから全員を巻き込むことができるでしょう。

◎**全員が参画できる方法例**
　・チャット機能を使う（答えをチャットに書いてもらう）
　・画面にスタンプを押したり、書き込んだりする機能を使う
　・投票やアンケートの機能を使う　など

　また、オンライン研修においては、オープニングでまだ場が温まっていない状態で発言すること、声を出すことに高いハードルを感じる方が多いという点も考慮が必要です。最初の段階では、できるだけ匿名性のあるツール（アンケート機能やスタンプなど）を使い、プレッシャーなく参加できるようにするのが良いでしょう。

　このような方法で、参加者にまず研修内容に興味をもってもらうのが、オンライン研修における講師の重要な仕事と言えます。
　冒頭で学習内容に興味をもってもらったうえで、講師の自己紹介や研修目的・内容の確認、グラウンドルールの確認、参加者の自己紹介などを行っていくことで、学習効果をより高めることができるでしょう（詳しい考え方・実践法は、3-8でご紹介していきます）。

誤解3　オンライン研修では、テクノロジーを使いこなすことが最重要なのか

テクノロジーを使いこなしていれば良い講師？

　Zoom、Teams、WebEx……さまざまなプラットフォームがありますが、こうしたプラットフォームを用いて研修を行うこと自体がはじめて（はじめてだった）という方も決しては少なくないでしょう。著者（中村）自身も、その1人でした。

　オンラインでスムーズに研修を行うためには、まずこうしたプラットフォームを使うスキルを身につける必要がありました。

・どのように設定してスタートすれば良いのか
・セキュリティの問題はないか
・参加者にどう案内を送ればいいのか
・スライドを共有するにはどうしたら良いのか
・データはどのように保存したら良いのか
・参加者との音声や映像のやり取りは問題ないか
・グループ分けはできるのか

　などなど、検討が必要なことは枚挙に暇がありません。
　さらには、最低限こうしたことがクリアできたら、次の段階として、「より快適にするにはどうすれば良いか」を考えるようになります。
　これはとても自然なことです。

　このような流れの中で、「オンラインで研修を行うためのスキル」＝「テクノロジーを使いこなすこと」だという認識が広まっているように見受けられますが、本当にそうなのでしょうか？

　対面での集合研修に置き換えて考えてみましょう。

「テクノロジーを使いこなす」というスキルは、対面で言えば、研修会場を設営し、パソコンからプロジェクターを使ってスライドを投影することと同じです。もちろん、研修を行ううえで必須のスキルではあります。

　とはいえ、「効果的な研修を行う」というもう少し大きな目的から考えた時、こうしたスキルは、最低限必要なものではあるものの、「これだけできれば十分」というものではありません。

　つまり、**テクノロジーを使いこなしていれば良い講師というわけではな**いのです。

「ツール」は目的を達成するためにある

「ツール」というのは、文字通り目的を達成するための「道具」です。道具を使いこなすこと自体が目的ではありません。**何を達成したいかによって、使う道具を選び、最終的な目的を達成することが重要**なのです。

　研修も同じではないでしょうか。

最新設備がある会場を使うことが先ではなく、まずは研修の目的を達成するために何が必要かを考え、インストラクショナルデザインを作成し、研修内容をまとめることのほうが重要です。そして、そうした内容を効果的に実践するための会場や設備、機材を選ぶ（または、与えられた条件の中でどう実践できるかを工夫する）という流れで検討していきます。

　オンラインでも、この順序は同じなのです。

　よって、「オンライン研修の効果を高める」ことを考えるとき、テクノロジーを使いこなすことに注力することは、最優先課題ではありません。

　周辺機器や環境の整備も同様です。

「カメラやマイク、ヘッドセットはどういったものが良いのか？」「ライトは必要か？」「好印象を与える背景は？」などの情報は、たしかに気になるものです。

　対面での集合研修に置き換えると、これらは講師の身だしなみや第一印象ということになるでしょうか。講師として信頼してもらえるレベルの身だしなみを整え、第一印象を良くすることは大切です。

　しかし、それがもっとも重要なことではないのは明らかでしょう。

　研修のオンライン化を急いで進めなければいけない状況では、講師も参加者もテクノロジーを使えるようになることが緊急の課題でした。しかし、声がクリアに聞こえる、好印象を与える映像が届く、雑音などのストレスがないというレベルに達したら、それ以上にカメラやマイクなどのスペックに凝る必要はないでしょう。

◎講師の最優先課題

 ・テクノロジーを使いこなすことに注力する
・周辺機器や環境をハイスペックなものにする

 ・一定レベルのスキルを身につけ、環境を整える
・研修の目的に沿ったインストラクショナルデザインを作成し、それに合わせたテクノロジーを選ぶ

「誤解１」のポイントとも重なりますが、周辺機器や環境に必要以上にこだわりたくなる気持ちの背景には、「オンライン研修は、講師が話している姿を配信するものだ」という思い込みがあるのかもしれません。

　しかし、「誤解１」でも述べたように、講師が話している姿を配信することをメインにするのは、効果的なオンライン研修だとは言えません。本当に重要なことは、参加者が、研修で学んだことを実践し、ビジネスにおいて結果を出すことです。そのためには、講師の見栄えが良いかどうかではなく、**「効果的な学習が設計されているかどうか」「効果的な内容になっているかどうか」**のほうが重要であることは、言うまでもないことでしょう。

　たとえば、病院に行って、医師から治療を受ける場面を考えてみましょう。とても大事な相談をする相手なので、信頼できる人であって欲しいと考えるでしょう。

　初対面の印象、身だしなみ、話し方などは、最初の段階で相手を信頼できるかどうかを判断するのに影響するのはたしかです。

　ですが、医師に求めるのはそれだけではないはずです。正しい診断をしてもらいたいし、その診断に基づいた治療をきちんと行って欲しいと思う

のが当然です。

　身に着けている白衣やメガネのブランドやカッコよさは、そこまで重要ではないはずです。

　医師が行う診断や治療は、研修講師で言えば、**「インストラクショナルデザイン」**や**「デリバリー・スキル」**のことです。研修内容がニーズに合った学びやすいデザインになっている、的確な説明で、理解を深め、前向きに学習できる──これが、参加者が講師に求めることの本質ではないでしょうか。

「参加者主体のオンライン研修」を行うために

オンライン研修の本質的な改善

2020年3月、突然の「研修オンライン化」は、誰もが想像もしていなかった緊急の事態でした。「とにかくこの事態を乗り越えなければいけない！」と、多くの方がスピード重視で、手探りながら進めてきたのではないでしょうか。

しかし、オンラインでの研修がある程度は一般的となり、「緊急の事態」を乗り越えた今、「本質」に立ち戻り、改善していく必要があると考えています。

オンライン研修の本質的な改善とは、具体的には次のようなことです。

「配信」するための「テクノロジー」を使いこなし、「周辺機器や環境を向上」させて、より快適に研修ができることばかりに焦点を当てるのではなく、**「そもそも研修の目的は何なのか」に立ち戻り、オンライン研修をどのように活用していけば良いのかを見極め**（場合によっては、対面での集合研修やほかの学習方法を取り入れ）、**インストラクショナルデザインを作成し、実践していく**こと。

東京に一極集中している日本では、これまであまり研修のオンライン化は進んでいませんでした。

一方、地理的に広く、また分散しているアメリカでは状況が大きく異なります。

著者（ボブ）がはじめて衛星放送を使ってセミナーを行ったのは1986年。著者（ボブ）の娘でありボブ・パイク・グループ現CEOのベッキーは、10年前にすでにオンライン研修の効果を高めるためのノウハウやアクテ

ィビティをまとめた本を出版しているほどの実績と歴史があります。

　人材育成に関する国際的なカンファレンス（ATD）においても、オンライン研修に関するセッションは数多く開催されていて、人気のテーマです。

　ですが、こうしたノウハウは、これまで日本にはあまり入ってきていませんでした。

　そのため、2020年、研修のオンライン化が求められた際、何とか乗り越えようと試行錯誤する方々から、「ノウハウがない」という声を数多く聞きました。

　このギャップを少しでも埋めるために貢献できればと願い、本書では効果的なオンライン研修をどのようにデザインし、どう進めていけば良いのかを検討していきます。とはいえ、対面での研修とまったく別物ということでもありません。効果的な研修を行うための基本となる原理原則を確認し、それらをオンライン上でどう実践するかに焦点を当てています。

用語の定義

　なお、英語ではVirtual Trainingという言葉が多く用いられます。本書では、日本語としては**「オンライン研修」**という言葉を用います。

　それに対して、1つの会場に講師も参加者も集まって行う研修は、英語ではFace-to-Faceという言葉が多く用いられますが、本書では日本語は「対面での集合研修」とします。

取り扱わない内容の確認

　本書では、下記の内容については取り扱いません。

・参加者は会議室や教室に集合していて、講師のみが離れた場所から「中継」するような設定。これは講師のみがリモートですが、参加者は集合しているため、限りなく「対面での集合研修」に近い設定です。対面での集合研修で行うようなグループワークやディスカッションが可能だからです。

・特定のプラットフォームの使い方の解説。さまざまなプラットフォームの使い方を解説することは、本書の目的ではありません。目覚ましい進化を続けていることもあり、仕様は頻繁に変わります。ですので、それぞれの解説サイトやチュートリアルなどをご参照ください。

・講師側、および参加者側のパソコンやその他デバイス、周辺機器、インターネット接続設定や環境などについて解説することも本書の目的ではありません。

・参加者が数百名や1000名、もっと多いケースを含めた大人数で行うオンラインセミナー。そもそも、スキル習得や行動変容を目的とした「研修」に、このような大規模な設計はそぐいません。これは対面での集合

研修でも同じで、いわゆる情報発信型の「セミナー」と「参加者主体の研修」は、異なる面が多くあります。オンラインになったら接続さえすれば「参加」はできますが、「スキル習得や行動変容」が可能ということにはならないのです。

1-2

応急措置

　1-1では効果的なオンライン研修を行うための基盤、土台として必要な視点、そして本質的な改善の必要性を確認しました。

　一方、「細かいことよりも、とにかく今すぐ使える方法を知りたい」「次のオンライン研修を効果的に行うには、一体何からやればいいのかを知りたい」という方もいるかもしれません。そうした方々のために、本項目では本書全体のダイジェストとして、「まずどこから着手したら良いか」をまとめていきます。

　1つひとつの内容は、後のページで詳しく見ていきますので、まずここでは一通りの概要をつかんでいきましょう。

**本項の
Key word**

「オンライン化」
「応急措置」

効果的なオンライン研修を今すぐ行うために

今すぐに取り組めることは？

　準備する余裕もなく突然、しかも緊急のニーズで始まった研修のオンライン化。

　前の項目でも触れたように、何とかオンライン化できた今、より効果的なものへと改善するために、本質的なところから検討していくことが重要だと言えます。

　とはいえ、「そこまで悠長なことは言っていられない！」という方も中にはいるかもしれません。

　しっかりとインストラクショナルデザインを作成し、準備をして臨む時間的余裕がない時、いったいどこから着手すればいいのか——と、今まさに悩んでいる方も少なくないかもしれません。

　そこで、以下のページでは、**応急措置として、準備と、当日のデリバリーおよびファシリテーションのポイント**を解説します。

　後のページで、それぞれの内容について詳しく解説・紹介をしていきますので、まずここでは概略をつかんでください。

オンライン研修の準備

使用するプラットフォームの機能の使い方を学ぶ

「テクノロジーがすべてではない」とは言え、使えないようでは研修に支障をきたします。そこで、まずは使用予定のプラットフォームについて学び、必要な機能が使えるように練習することが必要です。

多くのプラットフォームには、下記のような機能があります。

・チャット
・投票
・ホワイトボード
・画面の共有
・動画を流す
・小グループに分ける（ブレイクアウトルーム）　など

使用予定のプラットフォームにどんな機能があるかを知ることは欠かせませんが、**知っていることと、機能を使うことができることは、まったく別の次元**です。使えるようになるまで練習しましょう。

可能であれば、自分が講師をする前に、同じプラットフォームを使って開催されるセミナーや研修に参加者として参加すると良いでしょう。

小さく始めて、徐々に拡大する

はじめてオンラインでセミナーや研修を開催するのであれば、**長くても1時間まで、参加者は12〜15名程度に限定して行う**ことをお勧めします。長時間／大人数での研修を開催する前に、小規模なもので経験を積みましょう。

本番の前に、友人や趣味の仲間とのオンライン上の集まりを企画し、プレッシャーのない中で操作を練習するのもお勧めです。

流れを考え、「90/20/4の法則」にのっとってデザインする

「90/20/4の法則」については3-2で詳しく解説します。
　本格的なインストラクショナルデザインを作成する時間がない時でも、最低限以下のことを意識して研修を計画します。

POINT!

◎インストラクショナルデザインの最低限のポイント
- ●研修が90分以上の場合、少なくとも90分に一度は休憩時間を設ける
- ●研修内容を意味のあるまとまりで区切るが、その1つひとつを20分にする
- ●1つのコンテンツ（20分）が終わって次に進む前に、その20分を振り返る（リビジット、3-2、3-3、3-8参照）時間を1分でもいいので設ける
- ●20分のコンテンツの中では、4分講義をしたら何かしら参加者を巻き込むことを行う（例：問いかけて答えを選んでもらう）

　なお、対面の集合研修のインストラクショナルデザインにおいては、「90/20/8の法則」で、8分に1回参加者を巻き込みます。しかし、オンラインでは、講師が物理的に同じ場所にはいないため、より頻繁に参加者を引きつける必要があります。そこで、**4分間話したら、問いかけて答えを選んでもらうなど、参加者を巻き込む**ことを行っていきましょう。
　それくらいの頻度で巻き込んでいかないと、メールが気になってチェックをしたりするなど、参加者の集中が途切れやすくなります。

プロデューサーと一緒に流れを確認する

　プラットフォームについて、機能が使えるように練習することが必要だとは言え、十分にその時間がとれず不安が残る方もいることでしょう。それに、人数を制限するつもりが、予想に反して多くなってしまったというケースもあるかもしれません。

　そうした場合には、**テクノロジーに長けている「プロデューサー」とチームを組む**ことをお勧めします。

　プロデューサーには、参加者がスムーズにログインできるようサポートしてもらったり、参加者が配付資料やデータをダウンロードできるようサポートしてもらったりします。また、研修の最中にも、さまざまなテクニカルなトラブルに対応してもらったり、投票や小グループなどの機能を使う際、操作をしてもらったりします。

　こうした役割を安心して任せられるプロデューサーとチームを組み、運営を行っていくために、事前に研修の流れや使いたい機能、操作の分担などを打ち合わせしておきます（その他プロデューサーの役割の詳細については4-7参照）。

POINT!

◎**プロデューサーの役割**
- ●参加者がスムーズにログインできるようサポートする
- ●参加者が配付資料、データをダウンロードできるようサポートする
- ●その他、研修中のテクニカルなトラブルに対応してもらう
- ●投票や小グループ機能の操作　など

大人数での開催の場合、プロデューサーと一緒にリハーサルを行う

　参加者が10名を超えるような状況では、研修の流れを確認するだけではなく、実際と同じ設定でのリハーサルを行うことをお勧めします。リハーサルでは、たとえば次のような点を含めて、実際にプラットフォームの操作を行いながら、詳細な確認を行っていきます。

◎**リハーサルで確認すること**
- どのタイミングで、どのスライドを共有するか
- スライドの共有は問題なくできているか
- 投票機能を使うタイミング、投票の内容
- 小グループ機能を使うタイミング、設定内容
- チャットに書き込んでもらうタイミング、内容　など

「質疑応答」を設ける

　研修の最後ではなく、途中で、そこまでの内容を振り返り、質問したいことがないかを考える時間を設定します。もし１時間の研修であれば、40分ぐらい経過した時点でその時間を設けます。質問したいことをチャットに書き込んでもらうと良いでしょう。

　人数や質問の数が多い場合は、プロデューサーに手伝ってもらい、多くの人が挙げている質問を見極めたり、内容的にどの質問に答えるべきかを選んだりします。回答しきれなかった質問については、後日、メールで回答したり、ポッドキャストなどを用いて音声での回答を行ったりします。

グループの最適人数は３～４人

　対面での集合研修でグループ分けをする場合、最適人数は５～６人です。一方、**オンライン研修の場合は、３～４人**です。

　なお、もし参加者のビデオをオンにせず音声だけで話す状況であれば３人がベストです。自分以外の声を聞き分けるのに、２人であれば問題なくできます。また、誰かが話そうとしているなどのタイミングを推し量るのも、自分とほかの２人であればやりやすいのですが、それより多くなると難しくなります。

　ビデオをオンにしてお互いの顔が見える状況であれば、音声だけの場合よりは話しやすくなるので、グループを４人に設定しても問題ありません。

POINT!

◎**グループの人数設定**
- ●**対面での集合研修**
  　５～６人

- ●**オンライン研修**
  　３～４人
  　＊音声のみでのディスカッションの場合は３人とする

オープニングとクロージングをデザインする

　正式な開始時刻の３～５分前に、ソフトオープニングを開始します。ソフトオープニングとは、研修の内容に何かしらつながりのある内容で、クイズの答えを考えたり、問いかけに対して考えたりするようなアクティビティです。開始時刻まで参加者がシーンとした空気の中で何もすることもなく、ただ手持ち無沙汰に待つのは、不必要な緊張感を高めます。

ソフトオープニングは、クイズに回答したりしながら、和んだ空気で研修を始めることに役立ちます。

　開始時刻になったら、正式に研修を始めます。　1時間の研修であれば最初の1〜2分をオープニングのアクティビティに当てます。汎用性があるテクニックとしては、研修内容に関係のあるクイズを出題し、答えを考えてチャットに書いてもらうという方法です。

POINT!

◎オープニングの進め方（例）

●ソフトオープニング
　・研修開始の3〜5分前から始める
　（例）研修の内容に関係のあるクイズ、問いかけなど

●オープニングのアクティビティ
　・1時間の研修であれば1〜2分
　（例）研修内容に関係のあるクイズを出して、答えをチャットに書
　　　いてもらう

　クロージングは、1時間の研修であれば、40分経過したところで質疑応答を行い、その後、アクションプラン（今後に活用しようと思うこと）を個人で考えて書き出してもらいます。その後、残りのコンテンツを進め、終了5分前になったら、先ほどのアクションプランにもう1つ追記してもらいます。
　アンケートを行う場合はそれを先に案内し、最後に、今後につながるような問いかけをして答えをチャットに書き込んでもらうという方法は、汎用性の高いテクニックです（オープニングとクロージングの詳細は3-8）。

POINT!

◎クロージングの進め方（例）　＊１時間の研修の場合

40分経過：質疑応答

⬇

アクションプランを書き出す

⬇

残りのコンテンツを進める

⬇

アクションプランをもう１つ追記する

⬇

アンケートについて案内する

⬇

今後につながる問いかけを行う（答えをチャットに書き込んでもらう）

変化をつける

　研修の最中に、できるだけ変化をつけていくようにします。

　たとえば、「チャット」の機能は、比較的難しくなく、慣れている方が多いため、多くの方が研修に取り入れていることでしょう。ただし、使い勝手が良いからといってそればかりを使うのではなく、変化をつけていきます。たとえば、「投票」や「アンケート」「小グループ」「スライドに書き込む」「ワークシートに書き込む」など、プラットフォームに備わっているほかの機能や、外部アプリ、手元の教材などをうまく組み合わせて、ワンパターンにならないようにします。

　こうした工夫も、参加者が集中力を保ちながら学習に臨んでもらうことに寄与します。

エナジャイザーを活用する

　研修中、飽きたり、疲れたりしないよう、エナジャイザー（活性化のためのアクティビティ）をうまく活用し、参加者にリフレッシュしてもらったり、巻き込んだりします（エナジャイザーについて詳しくは3-8）。

　比較的使いやすいエナジャイザーを次のページにまとめます。

POINT!

◎エナジャイザー例

- ●空欄を埋める
  1. キーワードが空欄になっているスライドを表示し、空欄に入る べき言葉を、ランダムな順でスライドの端に表示する
  2. どの言葉がどこに入るかを、参加者に、線で結んでもらう

- ●投票機能を使う

  研修の途中で、進行についてのアンケートを実施する

  （1時間の研修であれば、30分くらい経過したタイミングで次の 質問をする）

  【質問例】

  この研修のペースは

  ①速すぎる

  ②ちょうどいい

  ③遅すぎる

- ●窓の外を見てくる
  1. 参加者に、一番近い窓のところに行って外を見てきてもらう
  2. 何が見えたかを、戻ってきてチャットに入力して報告してもら う（天気についてでも、見える風景でもかまわない）

- ●立つ

  何かを終えたら、立ってもらう

  （例：アクションプランを書いてもらう時、「2つ書いた人は立っ てください」と言い、実際に30秒くらい立っていてもらう）

- ●30秒チャット

  時間を制限して、チャットに書き込んでもらう（例：「今、一番解 決したいことは何ですか？」などと問いかけ、回答してもらう）

  ＊時間は調整可だが、短い時間を設定することで集中できる

当日のデリバリーとファシリテーション

　オンライン研修が成功するかどうか、８割は準備にかかっています。
　とはいえ、デリバリーや当日のファシリテーションがスムーズであって
こそ、その準備が生きてくるのも事実です。
　ここでは、当日のデリバリー、ファシリテーションについて、今すぐに
取り入れられる事柄をまとめます。

自分自身のモチベーションを高める

　これは、テンション高く盛り上げるという意味ではありません。
　対面での集合研修の場合、講師は参加者とのやり取りを楽しんだり、参
加者の反応からエネルギーをもらったりすることが多いものです。です
が、オンライン研修では、それがごくわずかだったり、ほとんど感じ取れ
なかったりすることもめずらしくありません。そのため、**講師は自分のモ
チベーションを自分で高めるしかない**のです。
　その目的で、著者（ボブ）が使うテクニックを紹介します。

◎**モチベーションを高める方法（例）**
　●**カメラのすぐ近くに、誰か大切な人の写真を貼っておく**（カメラに
　　向かって話す時も、その写真を見て話す）

　なお、この方法は、**カメラ目線で話す**ことにも役立ちます。
　オンライン研修でやりがちなミスは、スライドを見て話したり、画面上
に映っている参加者に向かって話したりすることです。ですが参加者から
見た映像では、講師は参加者に視線を送っているようには見えず、アイコ
ンタクトができません。

　講師がカメラ目線で話すことで、参加者から見た時にはアイコンタクトできているように見えるのです。

タイマーとアジェンダを見やすい位置に置いておく

　タイマーでカウントダウンするか、もしくは時計を見やすい位置に置きます。そしてそのすぐわきに、研修の流れ、内容、時間が一目でわかるアジェンダを置きます。常にそれらを確認しながら研修を進めます。

早めにログインする

　研修が始まる30分前にはログインして待機します。パソコンや回線、使う機器など、事前に何度確認しても、なぜか当日のトラブルというのは起きるものです。余裕をもって対応できるように、早めにログインします。

バックアッププランを用意しておく

　プロデューサーは、さまざまな事態に備えて、バックアップの機器や回線などを用意します。講師もパソコン2台でログインし、もし1台に不具合が起きても、すぐにもう1台の予備のパソコンで続けられるようにしておきます。

　予備のパソコンは参加者と同じ状態でログインしておけば、参加者側の画面がどう映っているかを確認するのにも役立ちます。

「間」や「沈黙」を恐れない

　問いかけをして、参加者に音声で反応して欲しい場合、次のように言います。

「この問いに対する答えを考える時間を60秒とります。チャットに書き込みたい場合、60秒が終了するまで送信ボタンを押すのを待ってください」

　そして60秒間、沈黙します。

　このように個人で考える時間を設けることで、音声やチャットで反応が返ってくる確率が高まります。

時間通りに始めて、時間通りに終わる

　始まりも終わりも、時間は厳守します。さらに**可能であれば、2〜3分早めに終わる**ようにします。1時間の研修では難しいかもしれませんが、2〜3時間の研修であれば2〜3分早めに終わるのも良いでしょう。

小グループに分かれる前にリーダーを決める

　対面での集合研修でも、グループでアクティビティやディスカッション

を行う際にはリーダーを決めます。その際、リーダーは固定せず頻繁に変え、ランダムな方法でリーダー決めを行います。これは一部の人だけが活発に話し、ほかの人が発言しにくくなるのを避け、全員を巻き込むための工夫です（グループ分けの方法については、3-5、4-3参照）。

オンライン研修においても、**小グループに分かれてアクティビティやディスカッションを行う時は、同様にランダムにリーダーを決めたほうが全員が話しやすくなります。**

リーダーを決めておかないと、誰が発言するのか、どういう順番なのかを探り合い、なかなか発言が活発にならないという現象が起きやすくなります。あるいは、いつも同じ人が話して、ほかの人は黙って聞いているということも起きやすくなります。

また、リーダーは固定せず、頻繁に変えることが重要なのは対面での研修と同様です。

オンライン研修では、小グループに分かれる前に、次のように伝えて、リーダー決めをします。

◎**小グループに分かれる前のインストラクション例**

「この後、みなさんにはグループに分かれてディスカッションをしていただきます。話す内容は〇〇です。グループに分かれたら、リーダーを決めていただきます。リーダーは、一番最近宅配で何かを受け取った人です。ディスカッションの時間は4分です。確認ですが、話すのは〇〇についてです。グループに分かれる前に何か確認したいことがある方はいらっしゃいますか？」

1-3

効果的なオンライン研修の基本

　第2章以降では、効果的なオンライン研修を行うために必要なことについて詳細を検討していくことになりますが、まずこの項目では、その全体像を紹介します。

　効果的なオンライン研修を行うために、講師には一体どんなことが必要なのでしょうか？　どのようなスキル、マインドセットが求められるのでしょうか？　まずはこうした基本をつかんだうえで、各論へと移っていきましょう。

**本項の
Key word**

「デザイン」
「ファシリテーション」
「デリバリー」

効果的なオンライン研修の基本

講師に求められるマインドセット

　1-2では、準備する時間が十分にない中で研修をオンライン化する必要があるとき、どう着手するか、その応急措置と、当日のポイントをまとめました。

　では、本格的に準備を行ったうえで進めるのであればどうすれば良いのでしょうか。

　研修のオンライン化は次のようにたとえることができます。

　あなたは、プロの野球選手です。これまで大活躍し、輝かしい成績を残しています。ところがある日、ある事情から野球ができなくなってしまい、サッカー選手に転向することになってしまいました。さて、どうしますか？

　野球でもサッカーでも、プロのアスリートであることに変わりはないから、何となく見よう見まねでサッカーの試合に出場しようと思うでしょうか。

　それとも、野球ではプロとして輝かしい成績を残してきたけれども、サッカーのことはきちんと知っているわけではないので、まず、ルールを学び、求められるスキルを把握してトレーニングを開始し、試合に出る前に十分練習をするでしょうか。

　プロのアスリートとしての基礎体力や運動能力など、活かすことができるものは大いにあります。ですが、学び直しや練習が必要なことがあると考える方が多いことと思います。

対面での集合研修も、オンラインでの研修も、「研修」には変わりはありません。

　そのため、そもそも対面であまり効果的な研修ができていなかった場合、それをスムーズに高品質な映像と音声でオンライン配信したからといって、残念ながら良い研修に生まれ変わることはあまり期待できません。

　一方、元々、効果的な研修をデザインすることができ、デリバリーもファシリテーションも効果的に行えていた場合、その経験や知識、スキルが活かせる場面は大いにあるのはたしかです。

　とはいえ、野球とサッカーのように、**オンライン研修ではルールが違ったり、求められるスキルが異なる面もある**という点は忘れてはなりません。我流や見よう見まねで乗り越えようとするのではなく、**「オンライン研修に求められるもの」を基礎から学びなおす必要がある**のです。

講師に求められる３つのスキル

　では、対面での集合研修とオンライン研修とでは、講師に求められるものとして、何が共通で何が異なるのでしょうか。

　効果的なオンライン研修を行うために、講師には一体どんなスキルが必要なのでしょうか。

　以下では、下記の３つに分けて、対面での集合研修とオンライン研修において、求められるスキルの違いを見ていきましょう。

◎講師に求められる３つのスキル

研修デザイン（インストラクショナルデザイン）	・明確な目的を設定し、目的、参加者に合わせた研修を設計する ・人がどのように学ぶかを考慮したうえで適切な手法を使い、学んだことが長期記憶に留まるように研修をデザインする ・研修の前後を含めたプロセスをデザインする
デリバリー	・講師としてわかりやすい話し方、基本動作ができる
ファシリテーション	・安心して学べる環境をつくりだす ・参加者同士の対話を促す ・全員を巻き込み、主体性を引き出す

オンライン研修の基本①　研修デザイン

「研修が本当に解決策になるかどうか」から検討する

　研修を通して、ビジネス上でどんな成果を出そうとしているのかを明確にすることからデザインのプロセスは始まります。その際、**「研修ありき」で考えるのではなく、ビジネス上の成果を得るために、「研修が本当に解決策になるかどうか」を見極めるところから検討するのが「研修デザイン」の重要な視点**です。

　研修だけで解決するのか、あるいは制度改革、企業風土づくり、業務プロセスの改善、OJTやコーチングなど上長からの働きかけ、育成のしくみ、成長のための機会提供など、さまざまな取り組みとの連動で研修を実施するかを判断していくのです。

　そのうえで、研修を実施する必要性があると判断された場合には、研修目的を設定し、参加者分析を行い、目的を達成するために必要なコンテンツの組み立て、参加者が学びやすい場づくりや手法の工夫などのインストラクショナルデザインを行っていきます。

　詳しい流れ、検討方法については、拙著『研修デザインハンドブック』を参照してください。

　なお、研修のオンライン化およびオンライン研修の企画、実施にあたっては、以下の点をより強化していく必要があります。

研修を行うかどうかをゼロベースで検討する

　たとえば新入社員研修など、これまで対面で行うことが慣例化し、当たり前のように行われていた研修の場合、これまで同様、対面で継続できるのであれば、あまり深い議論をすることなく、「これまでもやっていたか

ら」と、例年通り実施することになったかもしれません。

　ですが、世の中の状況が大きく変わり、ビジネスそのものについて根本から見直す必要性が生じた今、この考えが通用しなくなってきました。

　研修についても、下記について再検討する必要があることでしょう。

「そもそもこの研修を継続する必要があるのか」
「この内容が今、必要なのか」
「研修を行うことに本当に意義があるのか」

　また、状況が大きく変化したことにより、従業員に求めるスキルや育成ニーズが大きく変わってきた可能性も考えられます。

　つまり、**あらためてゼロベースでその研修を行う必要があるか、そのビジネスニーズを検討する必要が生まれています。**

　たとえば、部下をもつ上司に求められるスキルとして「効果的な面談」があるとします。そこに、現状では「リモートワークでの関係構築」「オンライン面談」の要素を無視することはできないでしょ。一方、新入社員の「名刺交換」は、緊急性の低いスキルかもしれません。

同期／非同期を含めたプロセスをデザインする

　研修はイベントではなく、プロセスです。

　研修オンライン化をきっかけに、一気に加速していく様子の「ブレンディッドラーニング」（対面集合研修と、オンライン研修、Eラーニング、動画、書籍による学びなどさまざまなツールを用いた融合学習）の影響もあり、**同期（集合している時間）の内容だけをデザインするのではなく、同期・非同期を含め全体を設計することの重要性が増しています**（同期・非同期の学習について、詳しくは2-4参照）。

　そのため、研修前後を含めた「学習プロセス」を効果的にデザインする力が、ますます求められるのです。

そもそも研修を行う目的は？

　大きな変化にさらされている今、研修を行う必然性や目的の明確化がより求められます。

　たとえば、研修目的として、「知識習得」を挙げられているケースをよく見ますが、知識を習得するのであれば、集合する必要はあるでしょうか。オンデマンド教材（動画など）を用いて、個別学習を行うほうが各々のレベルや理解度、ペース、タイミングに合わせて学ぶことができるため効果的かもしれません。

　このように、オンライン上であっても、「集合」するからには**「集合する必要がある目的」**が求められますし、**「集合するからこそ得られる成果」**が明確に得られる研修デザインが求められるのです。

「勘や経験に基づく学習」から「科学的な学習」へ

　「臨機応変」という言葉のもとに行われていた研修は、言い換えると講師の「勘」や「経験」に頼る研修の進め方で、人に依存するものでした。

　しかし、現代は、営業の世界を例にすれば「勘や経験に頼る営業」では

なく、**「科学的なアプローチ」**が求められる時代です。

それは研修でも同じです。

さらに、「勘や経験に基づく進め方」が、オンライン上ではうまく機能しづらい点については、1-1で検討してきました。

研修のオンライン化が求められる中で、オンライン上でも「勘や経験」でうまく進行できるよう努力や工夫をするのではなく、**「科学的なアプローチ」に切り替える**ことを目指してはいかがでしょうか。

どうすれば参加者の理解が進むのか、記憶に定着するのか、行動変容を促進できるのかを、理論に基づいてデザインするスキルが求められているのです。そして、それこそが本書で紹介している「参加者主体の研修手法」なのです。

オンライン研修の基本②　デリバリー

講師は「届ける」人

　デリバリーとは「届ける」という意味です。用意した研修内容を参加者に伝える、つまりプレゼンテーションを行うような役割を講師は担っています。

　講師としての立ち居振る舞い、話し方、説明のわかりやすさなどは効果的な研修の基礎となることは、もはや言うまでもないことでしょう。

　研修のオンライン化、オンライン研修の実施にあたって、特に次のポイントを強化していく必要があります。

テクノロジーを用いて「届ける」

　オンライン研修が対面での集合研修と圧倒的に異なるのは、テクノロジーを用いる点です。どのプラットフォームを使うにしても、どんなツールを利用するにしても、練習し、スムーズに操作できるようにしておくことが前提となることは、これまでもくり返しお伝えしてきました。

　ITが苦手であったとしても、ただカメラに向かって話すだけで何もツールを使わない、というのでは工夫がなさ過ぎて、いくら的確な説明であっても、参加者が集中力を保ち続けるのは難しくなるでしょう。

学習を「サポート」する役割としての講師

　画面越しの場合、対面での研修と比べて、講師の放つエネルギーは伝わりにくくなるという点は、1-1でお伝えしました。

　だからと言って、カメラ映りや音声、映像などを必要以上にこだわるの

はあまり賢明ではありません。画面の向こうでどれだけ熱く語ったとしても、同じ温度感で参加してもらうのは難しいのが現実なのです。

　講師は、みんなが憧れるような有名俳優やアーティストではありません。

　そのため、講師は、自らの存在をアピールするのではなく、内容を届けるためのサポートをする役割に徹しましょう。

　たとえば、**参加者はもちろんのこと、講師もカメラ映像を常にオンにする必要はありません**。届けたい大切なメッセージを話す場面や、ジェスチャーが必要な場面、参加者と対話するような場面ではオンにするのは効果的ですが、内容をしっかり理解して欲しい時、参加者が何かにじっくり取り組む時などはむしろ映像は集中を妨げる要因になるので、オフにします。

◎学習を「サポート」するための講師の振る舞い（例）

 NG例　常に講師側のビデオをオンにする

 OK例　必要な時のみビデオをオンにし、参加者が集中して取り組む際にはオフにする
＊ビデオをオンにする場合：大切なメッセージを話す場面、
　　　　　　　　　　　　　ジェスチャーが必要な場面、
　　　　　　　　　　　　　参加者と対話する場面など

オンラインに適した伝え方を意識する

　話し方についてもオンラインに適した調整が必要です。

　対面での研修であれば、声を大きくしたり、抑揚をつけたり、強調したりすることで、参加者の集中を引きつけることがありますが、それをマイ

クやヘッドセットなどオーディオ機器を通して聞いた場合、参加者はどのような印象を受けるでしょうか？　急に声が大きくなったり、抑揚がありすぎたりするのは、不快に感じる方もいるかもしれません。

　練習やリハーサルをする際に録画し、視聴する側の立場で検証しましょう。

カメラ映りを意識した身だしなみを

「身だしなみ」についてもカメラ映りを検証することが必要です。

　対面では素敵に見える服装も、カメラを通すと異なる印象になることがあります。代表的な例では、ストライプやツイードです。ストライプやツイードは写真や映像では素敵に見えないことがあるので、事前の確認が欠かせません。

　また、音の出るアクセサリーは不快な雑音になりますし、光を反射するものも参加者の集中力を妨げるため不適切です。

◎講師のカメラ映りについての注意点

・講師の映像や音声がクリアではない
・チラつく、音がするなど、邪魔をするアクセサリーや服装

・講師のカメラは、表情もよく見える明るさと鮮明さがある
・雑音がなく、音声がクリアに聞こえる
・服装、アクセサリーなどが視界を邪魔せず、好印象

オンライン研修の基本③　ファシリテーション

講師の役割＝学習を促す

　講師は一方的に知識を伝達すればいいわけではありません。**参加者の主体性を引き出し、目的の達成に向けて導く役割を担う必要があります。**

　具体的には、問いかけて考えを促したり、引き出したり、アクティビティを通して学びや気づきを深めたり、実践に向けての具体的なイメージ形成を支援したりします。

　こうした「学習を促す方法」について、詳しくは拙著『研修ファシリテーションハンドブック』をあわせて参照してください。

　では、ファシリテーションという観点で考えた時、オンライン研修を効果的に行ううえで、どのようなポイントを強化する必要があるでしょうか。

プラットフォームを活用することで参加者を巻き込む

　ファシリテーションに関しても、オンライン研修で大きく異なるのは、「テクノロジーの活用」です。

　講義を聞き、チャットにコメントを書き、小グループに分かれてディスカッションをするだけでは、あまりに単調です。この**進め方の工夫ひとつで、より参加者の主体性を引き出したり、考えを促したり、気づき・学びを深めたりできるようになる**のです。

　プラットフォームによって備わっているツールは異なりますが、プラットフォームは日々進化していますし、ほかのツールと組み合わせていくこともできます。

　臆せずいろいろなツールにチャレンジし、参加者の学習を促す方法を模索していくことが大切です。

◎代表的なツール例

●プラットフォーム上のツール
・ホワイトボード
・スタンプやコメントをつける機能
・アンケート・投票機能

●外部アプリ
・Miro（オンライン上のホワイトボード）
・UMU（双方向ラーニングプラットフォーム）
・Kahoot（教育ゲームアプリ）
・Google Jamboard（オンライン上のホワイトボード）
・Microsoft SharePoint（ファイルの共有など）

オンラインで安心して学んでもらうには？

　学習に集中するための「場づくり」や参加者同士、参加者と講師の関係づくりの仕方も、対面とオンラインではまったく同じではありません。
　たとえば、オンライン研修の参加者は、次のような不安要素を抱えているかもしれません。

◎**オンライン研修での不安要素**
●周りの様子が見えないため、音声で発言することへの抵抗感が強い
●録画されている場合、記録が残ることに抵抗がある
●チャットは誰のコメントなのかがわかるため、抵抗がある　　など

　こうした不安要素を考慮し、アンケート・投票機能、無記名でスタンプやコメントを残す機能などを活用し、安全な環境で反応を示してもらえる工夫をします。また、こうしたツールは、ちょっとしたゲーム感覚を抱き、楽しめるというメリットもあります。

　このような安心、安全な場づくりをオンライン上でどう行うのかも、当日になってその場の空気を読んで工夫するのではなく、事前にデザインしておく必要があるものです。

　詳しくは第4章や、同時に発売となるベッキー・パイク・プルース著『オンライン研修アクティビティ』もあわせて参照してください。

本章の全体像

この本の読み方

　第2章以降は、「参加者主体の研修」の理論や手法を使って、オンライン研修を効果的に行うためにどうするかについて、対面での研修との共通部分や異なる部分を検討していきます。

　なお、過去の4冊の書籍（『講師・インストラクターハンドブック』『研修デザインハンドブック』『研修アクティビティハンドブック』『研修ファシリテーションハンドブック』）と同じ理論・手法をベースにしているため、重複する部分はあります。

　本書では、**「効果的なオンライン研修をデザインし、実施するために必要なこと」**の全体像を示す目的のもと、まとめていきます。

　「過去に学んだことがある」と感じる部分があったら読み飛ばして、必要なところのみ熟読するという方法をとるのも良いでしょう（ただし、知っていることと理解すること、理解することとできることは違う次元なので、復習をかねて全体に目を通し、そのうえで実践に移すことをお勧めします）。

　なお、ページの都合上、基本の原理原則、インストラクショナルデザインとファシリテーションについては、本書ではエッセンスに留めています。さらに詳細を知りたい方は、『研修デザインハンドブック』および『研修ファシリテーションハンドブック』を参照してください。

　また、同時に出版されたベッキー・パイク・プルース著の『オンライン研修アクティビティ』においては、本書で紹介する原理原則、デザインを研修で実践するために必要な「アクティビティ」を多数収録しています。あわせて活用することで、オンライン研修の効果をより高めていくことができるでしょう。

効果的なオンライン研修を行うために必要なスキル

1．準備
◎研修デザイン

チェック	チェック項目	参照
	同期・非同期のそれぞれのメリットを活かし、研修を「イベントではなくプロセス」としてデザインする	2-4
	明確な目的を設定し、目的を達成するための研修をデザインする	1-3、2-3
	集合するからこその価値が生み出せる研修をデザインする	1-1
	「90/20/4」の法則に基づき、20分を最小単位として研修をデザインする	3-2
	COREをデザインする	3-8
	参加者を巻き込むための問いかけ、アクティビティを用意する	3-4、3-8、4-6
	オンライン研修に適切なスライドを用意する	3-9、4-4
	学びをサポートする配付資料を用意する	3-7
	プロデューサーとの役割分担を決め、必要な準備をする	4-7
	研修の効果測定を行い、次に活かす	2-3

◎テクニカル面

チェック	チェック項目	参照
	使用するプラットフォームやその他のツールをスムーズに操作する	1-2
	スムーズに運営できる快適な環境を整える（部屋、インターネット、機器類）	1-2

2．当日
◎デリバリー

チェック	チェック項目	参照
	聞き取りやすい音声で話す	1-3
	無駄な言葉がなく、参加者を引きつけられる話し方をする	4-4
	画面映りが良く、好印象である	1-3
	用意したデザインに沿って進行する	1-2
	テクニカルトラブルにも臨機応変な対応をする	1-2、4-7
	プロデューサーとのチームワークで進行する	4-7

◎ファシリテーション

チェック	チェック項目	参照
	参加者にとって安心・安全な場づくりをする	3-5
	参加者全員を巻き込み、退屈させずに進行する	3-5
	参加者との信頼関係を構築する	第4章
	ステージ脇で導く役割を担う	第4章

第2章

参 加 者 主 体 の
オ ン ラ イ ン 研 修 の
基 本 原 則

2-1

大切なのは講師ではなく参加者

　オンライン研修は、オンライン上のツールを使いこなすことができれば良いわけではないことを、第1章ではくり返し確認してきました。オンライン研修を一方的な配信ではなく、参加者を引きつけ、巻き込み、集合するからこそ得られる価値を生み出して結果につなげるためには、そもそもそれが実現可能なデザインをしておく必要があります。

　そこでこの章では、そうしたデザインをしていくために、参加者主体の研修手法の原理原則を、オンライン研修にどう当てはめるかを検討していきます。

本項の Key word

「It's not about you, it's about them.」
「参加者主体の研修」

It's not about you, it's about them.

研修における優先順位

「It's not about you, it's about them.」

　これは、参加者主体の研修手法で、とても大切にしている考え方のひとつです。研修のデザインやファシリテーションを考える際、重視すべきなのは、講師（you）にとってどうか、ではなく、参加者（them）にとってどうか、という視点であるという意味です。

　つまり、**研修をデザイン・運営していく際は、講師にとっての都合の良し悪しで判断するのではなく、参加者の学びにとってプラスになるかどうかが判断の軸となるべき**だと言えます。

　たとえば、1-1で、講師が解説をする中で、「リアクションがわからないからジェスチャーを求める」といったケースや、「参加者の様子を見るために常時、カメラをオンにして参加してもらう」などは、講師都合のリクエストの代表例です。

　少し視点を変えて考えてみましょう。

　部下のマネジメントにおいて、やるべきことについて1つひとつ指示を与えていくマイクロマネジメントが効果的でしょうか？　それともゴールなどを明確にしたうえで、具体的な方法は部下に任せるなどして主体性を引き出すほうが効果的でしょうか？

　部下の状況や環境によって細かな違いはありますが、今の時代は一般的には後者を支持する人が多いでしょう。上司がすべて指示を出し、細かくすべてを管理するマネジメントでは、求める基準に対する成果を出すことはできるかもしれませんが、クリエイティビティは育みにくく、想定以上の成果が出ることもあまり期待できないものです。

では、メンバーのエンゲージメントを高める、ということに関してはどうでしょうか？

　指示通りに動くことが求められる組織で、エンゲージメントを高めることは難しいと言えるかもしれません。やはりミッションや目的など大きな視点で共感してもらい、細かく管理するのではなく、主体性を発揮してもらうことを考えたほうが良いでしょう。

　これを研修に当てはめて考えてみてください。
　講師が参加者に対して1つひとつ細かく指示を与えるほうが、学習効果は高まるでしょうか？　それとも、細かく指示を与えるのではなく、ゴール・目的を示したうえで主体性を引き出し、サポートするのが適切でしょうか？
　考え方としては、多くの方が後者であると答えることでしょう。

　しかし、「ゴール・目的を示したうえで主体性を引き出し、サポートするほうがいい」と考えていながらも、実際の研修の場面で行っていることは、まるで真逆の結果を生んでいるケースが散見されます。

　たとえば次のページのようなケースです。

　以下では、これらのケースについて1つひとつ詳細に検討していきます。

◎「講師都合の対応」と「参加者主体の対応」

講師都合の対応	講師側の理由	参加者主体の対応	参加者主体の対応をするメリット
1. 研修中、カメラを常にオンにする	参加者の様子が見える	カメラのオン・オフは参加者に任せる（自由にする）	内容に対する集中力を高めることができる
2. 研修開始時に全員に自己紹介をしてもらう	参加者全員が把握できる	・最初はアンケートやコメントを書き込むなど匿名性のある方法で参画 ・自己紹介はペアやグループなど少人数で行う	いきなり全員の前でオンラインでの自己紹介はハードルが高いが、匿名、少人数であればプレッシャーが少ない
3. 発言の際、順序を指定する	効率が良い	発言は自発的な順序でする	・準備が整っているかどうかでタイミングを選べる ・ほかの人の発言の内容に関連させることができる
4. 指名をして発言を求める	・確実に発言させたい ・眠そうな人を刺激したい ・緊張感を与えたい	全員に問いかけ、個人で考えたり、ペアやグループで考えたりする	・嫌な緊張感がない ・全員が巻き込まれる ・発言内容の質が上がる
5. 講師がリーダーを指名する	確実にまとめてくれそうな人に任せたい	リーダーは固定せず、ランダムに交代で担当する	全員が巻き込まれ、責任感が生まれる
6. 取り組む課題をひとつだけ用意する（もしくは指定する）	・効率が良い ・準備の手間が省ける	課題は複数用意し、どれに取り組むかは参加者が選ぶ	より自分に当てはまる課題に取り組むことができる
7. ワークブックを先読みさせない	「答え」を先に読まれるとやりにくい	研修冒頭に全体に目を通して、何が学べるかを把握し、興味のあるトピックを明確化する	学ぶ内容に対して目的意識が高まり、モチベーションが上がる

講師都合の対応を「参加者主体の対応」に変える

1．カメラを常にオンにする

　対面での研修では、講師と参加者は同じ空間にいます。よって、講師は参加者の動作（うなずく、メモをとるなど）や表情から、理解しているかどうか、納得しているかどうかを推し量りながら、研修を進めるケースが多いでしょう。

　しかし、オンライン研修では、講師と参加者が同じ空間にいません。そのため、参加者の動作や表情を確認するために、カメラをオンにするよう指示することが多いようです。

　ですが、はたしてそれは参加者にとってメリットがあるでしょうか。

　1-1でも述べたように、人の目は明るいものや動くものに反応するのが自然です。目の前にあるパソコンの画面に、人の顔が映っていたら、画面に共有されているスライドよりも、人の顔に目が向きます。

　自分自身の顔が画面に映っていると、その傾向はより顕著になります。自分自身のカメラ映りが気になるのは、とても自然な心理なのです。

　つまり、**カメラをオンにし、自分自身を含めた参加者の顔が画面に映っている状態は、参加者にとって集中の妨げになり得る**のです。

　しかも「参加者の様子を把握したい」というそもそもの講師のニーズは、カメラをオンにすることで本当に達成されるでしょうか。小さな枠の中に映る映像では、参加者の様子を把握するのは難しいのではないでしょうか。

　このように考えると、研修を進めながら、参加者全員のカメラ映像を常に確認するというも非現実的のように思えます。

　なお、ある方から「参加者の様子をカメラで確認する役割を専任で置いて研修を進めている」という話を聞いたことがあります。

　しかし、「参加者は常にカメラをオンにしておくこと」は、その役割のために人をアサインするほど価値を発揮する方法なのかどうか疑問を感じずにはいられません。

　参加者主体の研修では、次のような代替案をとります。

POINT!

◎参加者主体の代替案

- カメラのオン・オフは参加者の自由にする
- 少人数のディスカッションなど顔が見えたほうが話しやすい時のみ、カメラのオンを依頼する
- 参加者が理解しているかなどの確認は、アンケート・投票機能など、オンライン上のツールを活用して行う
- 講師もカメラを常時オンにしない（内容に集中してもらいたい時、個人ワークの時などはオフにする。ジェスチャーが必要な時やメッセージをしっかりと届けたい時はオンにして、カメラ目線で力強く届ける）

　こうした方法をとることで、次のようなメリットが得られます。

◎得られるメリット

- 不必要な視覚情報が減るため、集中力が高まる
- オンラインツールを活用することで、全員からより率直なリアクションが得られる

２．研修開始時に全員に自己紹介をしてもらう

　研修に参加している人がどんな人なのかを把握したいと思うのは自然なことです。ですが、研修冒頭に、１人ずつ声を出して自己紹介するというのは、参加者にとってはとても緊張感が高く、プレッシャーを感じる人が多いものです。

　その緊張感のために、ほかの人の自己紹介をしっかりと聞く体勢になれない人も多く、結果として、講師だけのために全員がプレッシャーの中で発言しているような状態に陥りやすくなります。

　こうした状況では、お互いを知る、参加者同士の関係性をつくるといった「自己紹介」の目的が達成されないのは明らかです。

　そこで、参加者主体の研修では、次のような代替案を提案します。

POINT!

◎参加者主体の代替案
- 事前アンケートで参加者の情報を把握する
- 投票・アンケート機能を使い、質問に答えてもらいながら参加者の属性を全員で確認する（社歴〇年、何に課題を感じているか、得意・不得意など）
- 画面上にスタンプを押す、コメントを書き込むなどの方法で参加者の属性についての質問をし、全員で共有する
- 自己紹介は2人〜数人のあまりプレッシャーを感じない小グループで行う

　このような方法をとることで、次のようなメリットが得られます。

◎**得られるメリット**

- ●脳はストレス状態では学習能力が低下するが、ストレス状態にしないことで、学習能力が維持できる
- ●1人ずつの発言よりも、効率良く情報共有ができる
- ●使い方を説明しながらツールを使って回答してもらうことで、ツールに慣れてもらえる
- ●単なるツールの使い方の説明ではないので、使い方を知っている人にも意味のある時間になる
- ●気軽に参加できる方法を活用することで、安心安全な場づくりができる

3．発言の順序を指定する

「3．発言の順序を指定する」から「6．取り組む課題をひとつだけ用意する（もしくは指定する）」の進め方までに共通しているのは、**「講師がすべてを指図する」**という発想です。

しかし、研修参加者は大人です。すべて人から指図された通りに動くことを求められる状況が好きな大人は、あまりいません。**主体性をもって学び、主体性をもって職場で学びを実践してもらいたいのであれば、研修中から参加者に主体性を発揮してもらうようファシリテーションを行う**のが講師に求められる役割です。

そのために大切なポイントとして、**選択肢を提供する**という考えがあります。目的や達成したいことに向けて導くのは講師ですが、すべてを指図するのではなく、参加者自身に方法を考えてもらったり、選択肢を提示して選んだり決めたりしてもらいながら、導いていくのです。

たしかに、発言の順序を講師が指定するほうが効率は良いかもしれません。ですが、どの点について発言したいか、参加者にも意向があるはずです。「このポイントはぜひシェアしたい意見があるけれど、ここはあまり

イメージができていない」など、1人ひとりの参加者の中にさまざまな思いがあって当然です。

　しかし、講師が順序を指定してしまうと、参加者のそういう意向に沿うことができなくなってしまいます。

　こうしたリスクを考慮し、参加者主体の研修では、次のような方法をとります。

POINT!

◎**参加者主体の代替案**

- ●「最初に発言したい方はどなたですか？」などと投げかけ、発言の順番は参加者に任せる
- ●発言してくれたことに対して、ほめたり、感謝の言葉を述べたりする

　こうした方法のメリットとして、次のようなものが考えられます。

◎**得られるメリット**

- ●こうした方法を続けていくことで、自発的に動く場になる
- ●「やらされ感」が軽減される

４．指名して発言を求める

「理解しているかどうかを確認したい」「眠そうな人を刺激したい」など、さまざまな理由から、「○○さんどう思いますか？」など、個人を指名するケースが多いようです。また、全体に対して問いかけて反応がない時など、「誰かに何か発言してもらいたい」という思いで、発言してくれそうな人を指名するということもあるでしょう。

　しかし、「理解しているかどうかを確認したい」という目的に関して言えば、**理解の確認は１人だけに行ってもあまり意味がありません。**その人はたまたま答えられたとしても、ほかの人の理解の確認はできていないからです。また、「眠そうな人を刺激したい」という場合も、**指名をすることで眠くなるのを防ぐのではなく、参加者を巻き込み、そもそも眠くならないような研修デザインにする努力が必要**です。そして、リアクションがない時に助けてくれそうな人を指名するのは、講師が安心したり進行しやすくしたりするための行動で、参加者のために行われるものではありません。

　つい行われがちな「指名して発言を求める」という方法を、参加者主体の研修では次のように代替します。

POINT!

◎参加者主体の代替案
- 理解の確認がしたいのであれば、全員に問いかけ、個人で考えた後にペアやグループで確認する。不明点があれば全体で共有する
- リアクションが欲しい時は、アンケート・投票機能や、画面にスタンプを押す、コメントを書き込むなどオンライン上のツールを使って全員が参加できる方法で促す

こうした方法をとることで、次のようなメリットが得られます。

◎**得られるメリット**
- ●こうした方法を続けていくことで、自発的に動く場になる
- ●「やらされ感」が軽減される

5. 講師がリーダーを指名する

　グループワークやディスカッションを行う際、リーダーシップを発揮してくれる方がいるかどうかで、そのアウトプットの質に影響があるのはたしかです。そのため、「しっかりと進めてくれそうな方にリーダーを依頼したい」という講師側の心理は、よく理解できます。

　ですが、そうした一部の方にずっとリーダーを委任してしまうと、それ以外の方にどんな影響があるでしょうか？　中には、「自分はリーダーを任せられないと思われている」というメッセージとして受け取る参加者もいるかもしれません。あるいは、重責から逃れて傍観者的な態度になる参加者も出るかもしれません。それでは、参加者の主体性を引き出すことが難しくなるのは言うまでもないことです。

　参加者主体の研修では、次のような対応によってこうしたリスクを防ぎます。

POINT!

◎**参加者主体の代替案**
- ●「今朝起きた時間が一番早い人」「一番最近外食した人」など、それが誰なのかわからない理由でリーダーを決める方法を伝える
- ●リーダーは固定せず、グループワークごとに変更する

　また、こうした方法を採用することで、次のようなメリットが得られます。

◎得られるメリット
- ●こうした方法を続けることで、全員がリーダーになるように運営できる
- ●全員を巻き込みながら研修を運営できる
- ●１人のリーダーの資質によって研修全体のアウトプットの質が大きく左右される事態をさけられる

６．取り組む課題をひとつだけ用意する、もしくは指定する

　ディスカッションや課題、ケーススタディなどを用意する際、全員が共通のものに取り組むように準備するのは、講師側にとっては効率的なことでしょう。もし複数個の課題、ケーススタディを用意して、どれに取り組みたいかを参加者に選んでもらう方法をとった場合、準備により多くの時間がかかるのは事実です。

　ですが、**参加者の置かれている状況や、感じている課題は、人によって異なる**ものです。また、習熟度合いによって、**取り組みたい課題の難易度も異なる**でしょう。

　そうしたことを無視して、「全員がこれに取り組む」と一方的に指定するのではなく、ここでも選択肢を提供するのが、参加者主体の研修です。

POINT!

◎参加者主体の代替案
- ●課題やトピックを複数提示し、グループもしくは個人でどれに取り組むかを選んでもらう
- ●お互いに学びを共有する

　こうした方法によって、次のようなメリットが得られます。

◎**得られるメリット**

- ●こうした方法を続けていくことで、自発的に動く場になる
- ● 「やらされ感」が軽減される
- ●分担することで短時間で多くの課題についての学びを共有できる

7．ワークブックを先読みさせない

　課題の答えが掲載されている、問いかける予定の内容の解説が載っている、などの理由で、ワークブックを先読みしないように伝えることがあるようです。

「手元にある資料を自由に見てはいけない」というのは、学びたい気持ちを邪魔することになります。それが学習意欲を阻害することは明らかではないでしょうか。

　もし、「答えや解説を先に見られるのを防ぎたい」という目的があるならば、たとえば次のような工夫をすることもできそうです。

・答えや解説を別のファイルにして使用する時に配付する
・重要単語は空欄になっていて研修で空欄を埋めてもらう形式にしておく

　このように、少しの手間で回避できるのではないでしょうか。
　その他、参加者主体の研修では、次のような方法をとることもあります。

POINT!

◎**参加者主体の代替案**

- ●研修開始時に、ワークブック全体に目を通してもらい、学びたい箇所やその理由を共有してもらう

こうした方法によって、次のようなメリットが得られます。

◎得られるメリット
- ●何を学びたいかを主体的に考える
- ●学びに対しての目的が明確になる

このように、研修の中で行っている何気ない言動について、１つひとつをあらためて**「誰のために行っていることなのか」「どんな目的で行っていることなのか」**という視点で検証してみると、意外に多くのことが講師都合であることに気づかされます。

「It's not about you, it's about them.」

重視すべきなのは、「講師（you）にとってどうか」ではなく、「参加者（them）にとってどうか」という視点であるということを忘れずに、研修をデザインし、運営していきましょう。

2-2

伝えたからといって、
相手が学んだとは限らない

　私たちは、ともすると、このように考えてしまいがちです。
「ちゃんと伝えたのに、どうしてわかってくれないの！」

　しかし、研修において、残念ながらそれは講師側の一方的
な言い訳に過ぎず、参加者の学習効果を高めることには寄与
しないのが現実です。

　では、相手に学んでもらうためには、一体どんな工夫が必
要なのでしょうか。本項目では、そうした視点に立って検証
してみましょう。

**本項の
Key word**

「短期記憶と長期記憶」
「エビングハウスの忘却曲線」
「オンデマンド学習」
「集合する価値」

「伝えること」と「学ぶこと」

「伝える」「説明する」 ≠ 「学ぶ」

　人の記憶には大きく分けて、**短期記憶**と**長期記憶**があります。
　今、聞いた話は、いったん短期記憶に保存されますが、時間の経過とともに、忘れられるか、もしくは長期記憶へと移行されるものもあります。

　研修の内容を記憶しておけばいいというわけでは決してありませんが、職場での実践につなげるためには、まず前提として覚えておく必要はあります。
　部下育成について学んだ上司が、そもそも何を学んで何を実践しようと思ったのかを記憶していないと、部下との対話の場面で実践することは想像しにくいでしょう。まして、部下との対話の場面で研修のテキストを開いて、書かれていることを確認しながら対話するというのも、現実的ではありません。

　研修で用いられる手法として、「講義」というのはとても一般的な手法です。ですが、**説明したからといって相手が理解したとは限りません**。その時は理解したような気になっていたことを、後から思い出そうとした時に思い出せなかったり、実は理解していなかったということに気づいたりした経験をおもちの方も多いのではないでしょうか。
　また、その時は理解したからといって、すべてが長期記憶に移行するとも限りません。つまり、**伝えたからといって、相手が学んだとは限らない**のです。

人の記憶のメカニズム

なお、人の記憶に関してはこんなデータがあります。

1880年代に、ハーマン・エビングハウス氏は、1回しか出てこなかった内容は、30日後には10%しか覚えていないという事実を発見しました。

約100年後、アルバート・メラビアン氏は著書『Silent Message』の中で、興味をそそられる情報を紹介しています。リサーチの結果、**1回しか出てこなかった内容は、30日後には10%以下しか覚えていない**という事実を発見したのです（エビングハウス氏と同じ意見）。しかし、**出てきた内容を、間隔を空けながらくり返した場合、30日後には90%も覚えている**というのです。

間隔を空けるとは、1回出てきた内容を、10分後、1時間後、3日後、2週間後、3週間後にレビューするなどということです。言い換えると、**それぞれのレビューの間に間隔を空ける**ということなのです。

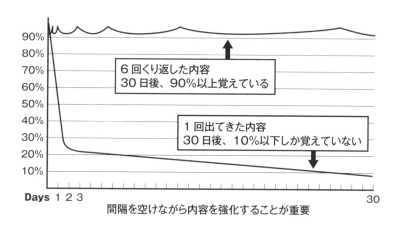

図2-1　エビングハウスの忘却曲線

　なお、くり返すといっても、同じ説明を講師が何度も行うということではありません。何度も同じ説明を聞かされるような研修ではモチベーションの持続は難しくなります。

　たとえば、次のような方法によってくり返すことができるでしょう。

POINT!

◎**同じ内容をくり返す（例）**
- 説明を聞く
- 理解の確認問題に取り組む
- 自身の仕事に当てはめて考える
- アクションプランを書き出す
- アクションプランを誰かとシェアする

　このように、**形を変えて重要なポイントをくり返せるような工夫を行っていきます。**

　講師側がこうした学習上の工夫、デザインをすることで、参加者が説明を聞くだけの受け身の学び方ではなく、主体的な学びへと変えることができるのです。

　なお、1-1でとりあげた、「講義を配信する」ことに注力し、その質を上げようと努力するのは、まさしくこの「講義」を中心に考えているからこその発想ではないでしょうか。

　しかし、**「説明する」「伝える」ことは、「教える」ことではありません。**

　また、参加者の側に立ってみれば、**話を「聞く」ことは、「学ぶ」ことではありません。**

　「教える」ため、参加者が「学ぶ」ためには、参加者がどのようにして学ぶのかの「原理」を知り、その原理にあわせた「デザイン」を行うことが欠かせないのです。

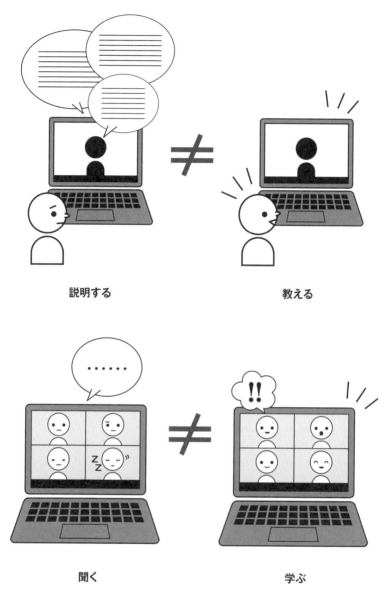

説明する ≠ 教える

聞く ≠ 学ぶ

図2-2 「説明する」「教える」「聞く」「学ぶ」

講義を聞くだけの研修は、集合して行う必要があるのか

「オンデマンド学習」のメリットと「研修」の価値

少し視点を変えて考えてみましょう。

誰かの「講義を聞く」ために、集合する必要はあるでしょうか。
対面においても、オンラインにおいても、日時を合わせて、みんなで集まって講義・説明を聞くことは、個別に、それぞれのタイミングで講義を聞く（講義の動画を見る）よりも、効果的なのでしょうか？

講義を「聞く」だけなのであれば、集合しても動画を見ても、学習効果はさほど差がないかもしれません。むしろ、動画の場合は、次のようなメリットがあることを見逃してはいけません。

POINT!

◎オンデマンド学習（動画学習）のメリット
- 「わからなかったところ」をくり返し見ることができる
- 途中で止めてメモをとることができる
- 予備知識がない方でも、確認しながら自分のペースで学習を進められる
- 忘れた時に確認できる　など

このように考えると、オンデマンドで動画を視聴するほうが、予備知識の有無やレベル差など、個別のニーズに対応できると言えるかもしれません。

これはオンラインに限ったことではなく、対面での集合研修でも言えることですが、「集合」するほうが良いとすれば、そこに集合するからこそ得られる価値が必要になるのです。

　つまり、**講師との対話**や、**参加者同士の対話**があり、一方的に「**聞くだけ**」では得られない何かがあるから「**集合**」**して研修を行う価値がある**のです。

　言い換えると、対面であれオンラインであれ、「集合して行う価値があるのかどうか」を問い直す必要があるのです。

　なお、非同期型のオンデマンド学習については、研修との組み合わせを含めて、2-4でも検討していきます。

学習のゴールはどこにある？

また、「学ぶ＝理解する」とは限らないという点も、忘れてはいけない視点と言えます。

「理解する」のは、職場で活用するために前提として必要です。しかし、大人の学習では、理解することが学習の「ゴール」「最終目的」ではないはずです。学んだ内容を、職場で活用し、成果を出すことが、学習のゴールなのです。

研修の結果として、職場で活用できるようになるためには、「理解する」だけでは不十分です。

たとえば、下記のようなことも、職場で活用し、成果を出すためには必要となります。

◎**職場で活用し、成果を出すために必要なこと（例）**

● **体験やディスカッションを通して理解を自分の言葉に落とし込む**
● **演習を通じて自分の課題に当てはめて理論を活用する**
● **自分の仕事に当てはめてシミュレーションを行って自信をつける**

　　　　　　　　　　　　　　　　　　　　　　　　　　など

こうした成果は、講義を「聞く」スタイルの研修や一方的なオンデマンド学習では、決して得られないものです。

対面においてもオンラインにおいても、研修は、「伝える」「説明する」だけではなく、「理解する」だけでもなく、さらに「活用して成果を出す」ことまでを見越したデザインを設計することが欠かせないのです。

2-3

研修の目的は「結果」を出すこと

前項の後半で、「学んだ内容を、職場で活用し、成果を出すこと」が学習のゴールであると述べました。しかし、「学習が成果につながっているかどうか」を判断するための基準は、どのように設定すればいいのでしょうか？

効果的な学習を行うためには、効果測定が欠かせません。

そこで本項では、研修の目的についてさらに詳しく述べるとともに、その目的を達成できたかどうかを検証する「効果測定」の重要性についてあわせて検討していきます。

**本項の
Key word**

「効果測定」
「カークパトリックの4段階評価法」

研修の効果を測定するには

研修は、ビジネスにプラスの影響をもたらすために行うもの

　研修の目的は何かを「学ぶ」ことではありません。それは途中の指標にはなり得ますが、最終的には、参加者が、職場に戻って学んだことを実践し、その結果としてビジネスに何かしらのプラスを生み出すことが研修の目的です。

　たとえば、下記のような指標に対してプラスの影響をもたらすことが、研修を企画、デザイン、運営するうえで重要となります。

◎研修の最終目的となる指標例
- ●売上
- ●利益
- ●マーケットシェア
- ●顧客満足度
- ●従業員のエンゲージメント
- ●生産性
- ●リピート率　など

　研修で知識やスキルを習得することは、そこに至るまでのステップに過ぎません。知識習得は前提であり、途中の指標ではありますが、最終目的ではないということを、研修を企画・実施する立場として忘れてはならないのです。

効果測定の手法──カークパトリックの4段階評価法

　では、研修でどんな成果が得られたかをどう測定するのでしょうか。

　研修の効果測定については、カークパトリックの4段階評価法がもっともよく知られた考え方です。

POINT!

◎**カークパトリックの4段階評価法**

レベル1	反応	研修に対する満足度を測る
レベル2	習得	研修で学んだことの習得度を測る
レベル3	行動	研修で学んだことの職場での実践度を測る
レベル4	成果	研修の結果、ビジネスにもたらした成果を測る

レベル1　反応

　レベル1は研修に対する参加者の反応を測ります。全体的な評価、講師について、内容について、などの満足度を問うアンケートがもっとも一般的な手法でしょう。

　主に下記の項目について測定していきます。

項目	内容
全体的な評価	全体的な満足度、業務に活用できるか、期待していた内容か　など
講師について	講師についての満足度、説明のわかりやすさ、参加者への対応について、質問への対応について　など
参加者自身について	積極的に参加したか、ほかの参加者はどうか　など
教材について	わかりやすさ、見やすさ、情報の充実度　など

これは研修の継続的な質の向上に向けて重要な指標のひとつではあります。しかし、参加者が満足したらそれでいい、というわけにはいきません。

レベル2　習得

レベル2は、研修をデザインした際に設定した習得したい知識やスキルなどの目的に対して、達成できたかどうかを測定します。

たとえば、次のような測定対象、手法が一般的です。

測定対象	手法
知識習得	●確認テスト ●論文 ●ケーススタディに対する回答
スキル習得	●ロールプレイやシミュレーションなどによる実践スキルテスト ●職場に戻ってからの実践の様子をチェック

このレベル2もレベル1同様、継続的な質の改善のために大切な指標ではありますが、この結果が良いからといってまだ研修は成功したということにはなりません。

学ぶこと自体が目的なのではなく、学んだことをどう実践し、成果を出したかが研修の成否を決めます。よって、効果測定のレベル3と4が重要になるのです。

レベル3　行動

レベル3は**実践度**ですから、**行動変容**と言い換えることもできます。

研修に参加する前には発揮していなかったスキルを発揮しているか、ある状況における行動が研修に参加した成果で変わったかです。

このレベル3は、参加者本人に行動変容が起きているかを問うことで測

ることができます。また、参加者以外にも、上司、部下、顧客などステークホルダーにアンケートなどで問うことも重要です。

POINT!

◎参加者の行動変容を測る観点

- 研修で学んだことをどれくらい実践しているか
- 研修で学んだことの何を実践しているか
- 実践してどのような結果が出ているか
- 実践してうまくいっていること
- 実践はしたがうまくいっていないこととその理由
- 実践しようと思っていたが、できていないこととその理由
- どのような支援があったらより実践につながるか
- 今後何をどう実践していくか
- 研修を振り返ってみて、研修の改善のためのアイデアや意見

オンライン研修ではよくこんな声を耳にします。

- オンライン研修ではスキルは教えにくいので、知識習得を主な目的とせざるを得ない
- 研修がオンラインなだけではなく、勤務もリモートなので、学びを実践しているかどうかを検証することが困難である

本当にオンライン研修ではスキルは教えにくいでしょうか?

もちろんその内容にはよりますが、お手本を動画で見せ、練習してもらい、ロールプレイなどスキルチェックをすることも可能ですし、AIがフィードバックをくれるようなテクノロジーも利用可能です。

また、オンライン研修を1回限りのイベントとして捉えるのではなく、プロセスとしてデザインすることもできます（2-4で詳しく述べます）。研修に参加し、実践し、また研修に参加し、実践し、ということをくり返し、

スキルや行動の定着をサポートするのです。

　勤務がリモートの場合、上司が部下の様子を直接「見る」ことは難しくなります。そのため、行動変容を把握するためには、意識的に面談などを計画し、対話の場を設けてもらうことが必要でしょう。

　その最終結果として、「レベル３　行動」を測定することは十分に可能だと言えます。

レベル４　成果

　レベル４は、**研修を行うことでビジネス上どんな成果が得られたかを数値化する大切なステップ**です。研修参加者が、研修で学んだことを活かし、実践した結果、売上、顧客満足度、従業員満足度などのビジネス指標にどのようなプラスの変化が生じたかを検証します。

　このレベル４は、研修以外の外的要因（社会情勢、競合会社の動き、景気の動向など）の影響も大きくなるため、指標・KPIに変化があったとしても、それが研修の成果によるものなのか、ほかの要因によるものなのかの判断が難しいと言えます。

　ですが、一方で、経営者やステークホルダーにとって、もっとも興味があるのは成果、つまりレベル４なのです。

レベル４からさかのぼって研修をデザインする

　とはいえ、現実的には、研修後にビジネス上どんな成果が出たかを数値化するのはとても困難です。そのため、後追いで考えるのではなく、**研修前、企画の段階でこのレベル４の成果として何を求めるかを最初に決めます**。これは研修担当者や講師が単独で行うのではなく、ステークホルダーと一緒に検討し、合意を得ておきます。

　たとえば、「顧客満足度を〇〇ポイントアップしたい」ということになったとします。そうすると、次に、「それを達成するために、誰がどのよ

うな行動変容を起こす必要があるか」を特定します。これは後にレベル3
で測定する内容になります。

　次に、その行動変容を起こすために、オンライン研修で何をすべきなの
かを検討し、研修目的や内容に落とし込んでいくのです。その際、オンラ
イン研修だけでは足りない場合、オンデマンドの学習や、対面での集合研
修、職場での実践、上司からの指導・コーチング、制度面の施策など、目
的を達成するためのしくみや環境もあわせて検討し、その中でのオンライ
ン研修の位置づけを明確にしておくことがポイントです。

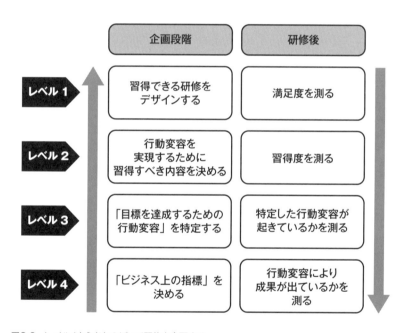

図2-3　レベル4からさかのぼって研修を企画する

研修のさらなる改善のために

「成果」を見越した研修となっているか

くり返しになりますが、研修のゴールは、学んだことを職場で活用し、成果を出してもらうことです。しかし、講師の講義が中心となる、知識のインプットだけを目指した研修では、カークパトリックのモデルにおけるレベル４の「成果」を出すところまで到達しづらいのが現実です。

研修の中で、講師が「みなさん、今後は上司としての自覚をもって部下と接し、リーダーシップを発揮してください」などと語りかけたところで、その言葉を聞いただけで部下との対話の仕方に変化が起きたり、その参加者のリーダーシップが高まったりするでしょうか。

残念ながら、あまりそのイメージはつきません。**伝えたからといって、学んだとは限らない**というのは２-２でも述べた通りです。

職場で活用し、成果を出してもらうためには、少なくとも、対話の仕方やリーダーシップを発揮するための方法について、理解し、練習し、自信をつけ、今後のアクションプランを具体的に描いてもらう必要があります。

そして、こうしたことは、一方的な講義や動画の配信だけではなかなか達成できないことは、容易に想像できるのではないでしょうか。

次のページに、各段階における大まかな効果を把握するための指標と、それぞれのケースにおける対応例をまとめます。このモデルを参考にしながら、改善を重ね、より良い研修デザイン、研修内容へと進化させていきましょう。

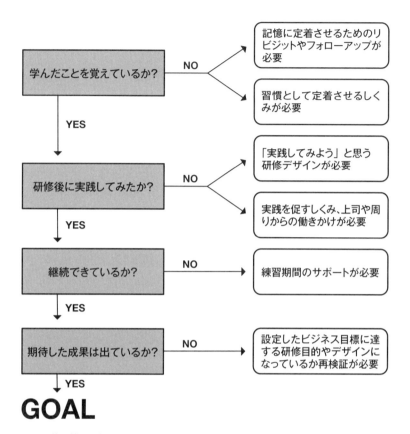

図2-4　研修の効果測定と改善のポイント

2-4

プロセスとして「研修」を設計する

「研修はイベントではなくてプロセス」というのは、1-3で
も紹介した言葉です。対面での集合研修においてもそうでし
たが、オンライン研修が一般的になる中で、ますます「イベ
ント」としてではなく「プロセス」として研修を設計するこ
との重要性が増しています。

　ここでは、同期型（オンラインを含めた集合研修）と非同
期型の学習の違いを明らかにしたうえで、それぞれの効果的
な活用法、組み合わせの仕方について検討していきましょう。

**本項の
Key word**

**「研修はイベントではなくプロセス」
「同期／非同期」
「反転学習」
「非同期学習のデザイン」**

オンライン学習の「プロセス」をデザインする

研修はイベントではなく、プロセス

「研修はイベントではなく、プロセスです」

これは、私たちが一貫して言い続けていることです。

研修当日はある意味では、「イベント」です。

ですが、イベントが成功するかどうかは、事前の計画と準備にかかっています。また、事前課題を通して研修前から学びをスタートしてもらうことも有効です。

さらに、イベントが終わったら終了ではなく、研修に参加した人が職場で学びを実践し、成果を出すことが目的だということは、前の項目でも述べました。

よって、研修をデザインする際には、研修前後も含め、プロセスとしてデザインします。これは対面での集合研修においても重要なポイントではありますが、オンライン研修においては、どのように当てはまるでしょうか。

「同期」での学習、「非同期」での学習、「反転学習」

　オンライン研修の世界には、以前から、「同期」「非同期」という考え方があります。

◎「同期」での学習と「非同期」での学習

同期	作業などを同じ時間に合わせて行うこと
非同期	作業などをそれぞれ勝手な時間に行うこと

　つまり、「同期」での学習とは、**日時を決め、同じプラットフォームにログインして、オンライン上で集合して学ぶ学習**です。

　それに対して**「非同期」での学習**は、**各々が、自分の学びたい時に、学びたい場所で、学びたいコンテンツを学びたい順序で学ぶ方法**です。個別学習、オンデマンド学習などとも呼ばれますが、Eラーニングなどを個別に進めるのがその典型です。

　また、大学などの教育の場で定着しつつあるコンセプトに、反転授業というものがあります。

　反転学習とは、従来、教室で行われていた「知識伝授」の要素をビデオ化し、自宅にて学習し、従来、自宅で宿題を通して行われていた「知識の咀嚼」の要素を教室で行う教育形態です。

（引用：文部科学省「グローバル化・高齢化・情報化時代に変容する高等教育の提供手段」（67頁〜86頁）https://www.mext.go.jp/b_menu/shingi/chukyo/chukyo4/004/gijiroku/__icsFiles/afieldfile/2013/08/26/1338978_06.pdf）

　つまり、知識は事前の自己学習によって習得してから授業に臨み、授業では課題に取り組むなどほかの人と関わりながら、理解を深めたり、考えを発展させたりする学びに集中するという方法です。

「同期」「非同期」の学習、「反転学習」は、脳科学の視点から考えるととても重要なものです。

　2-2でご紹介したエビングハウスの忘却曲線を思い出してください。30日間に6回くり返した場合と、くり返さなかった場合の違いは明白なものでした。

　一度学んで終わりとするのではなく、間隔を空けて何度もくり返すことで、長期記憶へ定着しやすくなるのです。

　学びが定着することは、行動変容をサポートし、ビジネス上の成果を出すことへ大きく貢献することは2-3でも述べた通りです。

オンライン研修と対面での研修のメリットを比較する

　ところが、**対面での集合研修の場合、この重要性を理解していながらも、研修当日、つまり「イベント」の部分にのみ意識が向きがちである**という現実があります。

　また、「事前課題が多いと参加者の負担になる」「事後課題は提出率が低い」などといった理由を聞くこともあります。

　ではオンライン研修ではどうでしょうか？

　オンライン研修では、「集合して学ぶ場」自体がオンラインであるため、パソコンなどを使うことが前提となります。よって、事前課題や事後課題において、オンラインで学習することに対する抵抗感が、対面での集合研修よりも低くなるというメリットがあります。

　また、**対面での集合研修の場合、参加者を物理的に集合させることになるので、短時間で何回かに分けて研修を行うというよりも、集まった時に集中して一気に行うという発想になりがちです。**

　実際のところ、全国から参加者が東京に集まって研修を行う場合、半日ずつ3回に分けて開催するという発想はあまり現実的ではありません。出張

にかかる費用や時間、また会場の準備を考えてもあまりに非効率的でしょう。

　一方、**オンラインの場合は、移動に時間や費用がかかるわけではありませんので、短時間で、何回かに分割しての開催もしやすくなります。**

　ここで述べた対面での集合研修とオンライン研修の比較を下記に示します。

◎対面での集合研修とオンライン研修の比較

	メリット	デメリット
対面での集合研修	・物理的に集合することで、集中力が保たれやすい ・講師の魅力、エネルギーが直接伝わりやすい ・人間関係が構築しやすい	・物理的に集合するコストがかかる ・集まった時に一気に集中するという発想になりがち ・事前課題、事後課題のハードルが高いこともある ・非同期型の学習や反転学習を取り入れづらい
オンライン研修	・移動にコストがかからない ・短時間、分割しての開催が可能となる ・事前課題、事後課題のハードルが下がる傾向 ・非同期型の学習、反転学習を取り入れやすい	・物理的に集合しないため、集中力を持続するのが難しくなる ・対面での集合研修のような長時間の研修には適さない ・人間関係が構築しづらい ・道具を使うアクティビティや実習などが行えない

◎学習プロセスデザイン例

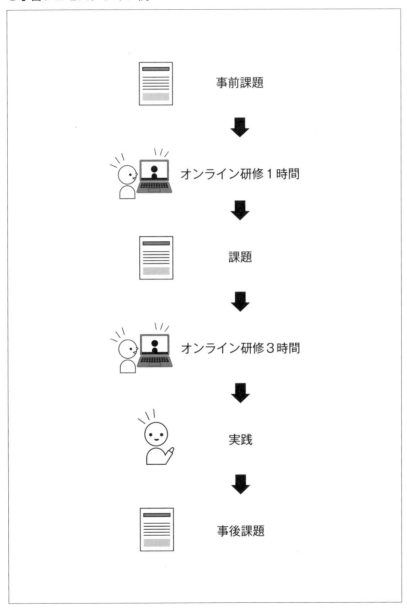

事前課題

オンライン研修1時間

課題

オンライン研修3時間

実践

事後課題

非同期型の学習の効果を高める

非同期型学習の効果を高める２つのポイント

　非同期型の学習で真っ先に思い浮かぶのは、Ｅラーニングではないでしょうか。Ｅラーニングは、情報をインプットするための有効な手段だと言えます。

　一方で、Ｅラーニングで挫折した経験をおもちの方は少なくないというのが現実ではないでしょうか。

　事前課題として非同期型学習をデザインしたとしても、参加者が途中で投げ出してしまったり、必要な情報のインプットにつながらなかったりしたら、それは効果的なものではありません。

　非同期型学習を取り入れる際には、次の２つのポイントに注意します。

ポイント１　マイクロラーニング

　マイクロラーニングとは、１分～数分程度で学べるコンテンツで学習をすることです。「**マイクロ（ミクロ）**」、つまり、**小さい単位での学習**のことを指します。

　動画がイメージしやすいかもしれませんが、マイクロラーニングは動画だけではありません。用語を１つ調べて学ぶ、書籍やテキストを１ページ読むなどもマイクロラーニングに該当します。

　たとえば、お料理教室に通って、基本からしっかり学ぶのが同期型の学習だとしたら、レシピを検索して１分間動画で学ぶというのは非同期型のマイクロラーニングだと言えるでしょう。

　パソコン、タブレット、スマートフォンが身近なものとなり、すぐに情報にアクセスできる環境が整ったことで、このような「必要なコンテンツ

だけをピンポイントで、必要な時に学ぶ」という学び方は、どんどん定着してきています。

　また、1つコンテンツが短いというのは、重要なポイントです。
　YouTubeなど動画を見れば明らかですが、多くの方に見られる人気の動画の多くは数分程度のもので、10分を超えるようなものは少なくなっています。

　こうした小さな単位のコンテンツに慣れている人にとっては、たとえば60分間一方的な説明を聞いて理解するというEラーニングでの学びには馴染みがありません。苦痛で、挫折してしまうことが多いのです。

　マイクロラーニングの良し悪しや、それに対するさまざま意見はあるかもしれませんが、こうした現実があることは受け入れざるを得ません。
　非同期型の学びをデザインする際、1つのコンテンツを短時間で学べる「マイクロラーニング」であることがますます求められるでしょう。

ポイント2　インタラクティブな非同期型学習

　非同期型の学習でよく活用されるのが以下のようなものです。

・Eラーニング
・動画
・書籍や資料など、読む教材
・ポッドキャストなど、音声コンテンツ
・レポートなど、課題提出

　非同期型の学びは、個別学習となります。
　研修の事前課題について、「研修当日までにがんばって終了してください」と一方的に教材を提供されたとしても、なかなか着手できなかった

り、着手はしたものの退屈で挫折しまったりした経験をおもちの方は少なくないことと思います。

　「完了」を促すために、たとえば下記のような方法をとることができます。

・事前課題を完了させないと研修に参加できない
・事前課題を完了させないと、研修の内容についていけない
・事前課題が何らかの評価に影響させる

　ですが、ここでは、別の視点から「完了させるモチベーション」を上げることができないかを検討してみます。
　そのポイントとなるのが、**「インタラクティブ」**、つまり、**双方向性**です。

　言うまでもなく、非同期型の学習は、個別、つまり1人で行います。だからといって一方的なスタイルしか成立しないわけではありません。
　動画でも、音声解説のついているスライドでも、あるいは書籍や資料を読むにしても、インタラクティブにすることは可能です。
　集中力を持続し、次に進みたいモチベーションを維持するためにも、教材をインタラクティブなものにできるように工夫してみてはいかがでしょうか。

　たとえば、次のような方法が考えられます。

POINT!

◎インタラクティブな非同期型学習をデザインする

●インタラクティブなEラーニング

　説明を聞くだけのEラーニングは、流しっぱなしにしてほかのことをしたり、途中を飛ばしたりしたくなるため、以下のような工夫を行う。

・1つのコンテンツを10分～20分程度など短く分割する
・次のコンテンツに進む前に、小テストに回答するなど課題を行うことを求められる
・コンテンツの途中で質問が出され、回答したら次に進める

●インタラクティブな動画や音声コンテンツ

・1つのコンテンツを数分のマイクロラーニングにする
・次のコンテンツに進む前に、確認クイズに回答するなど課題を行うことを求められる
・途中の確認クイズで何点を取るかが記録されていて、チーム対抗になっているなどゲーム性がある
・コンテンツの途中で質問が出され、回答したら次に進める

●インタラクティブな読む教材

・読み進める途中にワークシートがあって、記入してから次に進む

　こうした学習コンテンツをデザインすることに、高いハードルを感じる方もいるかもしれません。しかし、テクノロジーの発展とともに、こうしたことが可能になる技術が普及してきています（120ページ参照）。

非同期型学習のメリットを最大限に活用する

　このような点を考慮した非同期の学びには、次のようなメリットがあります。

・学びたい時にいつでも学べる

　指定された日時に集合するわけではなく、自分で予定を立てた時や学びたいと思った時に、学びたい内容を選んで、すぐに学ぶことができます。この性質から、日本では「オンデマンド」という言葉で表現されることも多くなっています（オンデマンド学習）。

・自分のペースで学べる

　一度で理解できなかったらくり返したり、一時停止してメモをとったり、短時間で集中して学んだりと自分のペースで学ぶことができます。

・参加者の知識・スキルレベルの差を埋められる

　対面での研修で、講師にとって難しいことのひとつが、参加者のレベルに差がある時の対応です。むしろ、差がない、全員が同じレベルであることはほとんどないため、この課題は常に存在すると言えます。

　しかし、非同期型の学びを活用することで、そうした参加者間のレベル差を研修前に埋めることに役立ちます。

・プレッシャーなく練習できる

　何らかのスキルを習得する必要がある時、お手本の動画を見ながら1人で練習することができます。お手本の動画を何度もくり返したり、途中で止めたりしながらじっくり何度も見ることができます。

　練習を行う際も、誰かに見られているプレッシャーがなく、何度も何度もくり返すことも可能です。

　対面での研修の場合、スキル習得の方法として、一般的な「ロールプレイ」は、苦手だという参加者が少なくありません。これは見られているプ

レッシャーや、うまくできなかった時の気持ちなど、嫌な経験をしたことがある人が多いことを物語っています。

しかし、非同期で先ほど述べたような練習を行い、自信がついてから撮影した動画を共有し、講師やほかの人にフィードバックをもらうというデザインにすれば、そうしたネガティブな体験はかなり回避できるでしょう。

・間隔を空けてくり返すことで、記憶への定着のサポートになる

間隔を空けてくり返すことが記憶への定着のサポートになることは、すでに2-2で述べた通りです。

重要なことは、非同期で事前に学び、同期の研修内でその学びを深め、さらに研修後の非同期型の学びで復習し、実践して成果を共有するなどと、間隔を空けてくり返すデザインにすることです。それによって、記憶への定着、行動変容をサポートすることができるのです。

非同期型の学習には、このようなメリットがあります。効果的な非同期型の学習をデザインし、同期型の学習と組み合わせることで、参加者の学習効果をさらに高めることができるのです。

こうした視点はオンライン研修を本質的に改善するにあたって、とても重要な視点となるでしょう。

非同期型学習コンテンツ作成のヒント

非同期のコンテンツ制作については、「専門家に頼まないと制作は無理」「どこかに外注しないとできない」と捉えている方も多いのですが、オーサリングツールの利用によって、誰でも制作が可能な時代が来ています。海外では多くの教育担当者や講師がカリキュラムの立案と同時に、コンテンツ制作を行っています。

オーサリングツールとは、オンデマンドのコンテンツをつくるアプリケーションのことです。Adobe Captivate、Articulate360（Storyline）、Camtasiaなどが有名で、近年日本語版もリリースされ、使いやすくなり

ました。
　オーサリングツールを使うことによって以下のことが可能となります。

・スライドベースのコンテンツ制作
・操作性のある（インタラクションを含む）コンテンツ制作
・LMSに対応する（学習記録を残せる）コンテンツ制作

　LMS（Learning Managemen't System）は、日本語では学習管理システムとよく言われますがクイズやナレッジチェックに取り組んでもらうだけでなく、1人ひとりの取り組みや理解度を確認することができるようになります。
　オーサリングツールによっては、VRコンテンツの制作、レスポンシブ対応（スマートフォンからもパソコンからでも学習者の視聴する機材に応じた表示がなされること）もできるようになっています。日常で利用しているアプリケーションと同程度かそれ以上にスピーディな制作も可能となりますので、目的や用途に合わせて選択すると良いでしょう。

時間設定と学習プロセス

オンライン研修の理想的な時間設定は２～３時間

　ここまで見てきたように、オンライン研修には、対面での集合研修よりも、同期・非同期を含めた「学習プロセス」としてデザインしやすいというメリットがあります。

　こうした効果的な学習をデザインするという前提に立った時、**オンライン研修はどれくらいの時間を設定するのが良いでしょうか？**

　たとえば、これまで対面で９時から17時までの研修を行っていたとします。休憩時間を除くと約７時間となります。この研修をオンライン化する場合、同じく９時から17時まで行うのが適切でしょうか？

　まず、オンライン研修の場合、１日に７時間は、長すぎます。オンライン研修の場合、ずっとパソコンの画面を見て集中しなければいけないわけですが、それが１日に７時間というのは、目にも体にも負担がかかりすぎます。

　７時間の対面研修を、７時間のオンライン研修にそのまま移行させるというのは現実的ではありません。

　オンライン研修の歴史が日本より長いアメリカでは、オンライン研修の効果を高めることを専門にしているトレーナーやコンサルタントの方も多く存在します。そうした方々が言うには、**オンラインでの研修は１日３時間までが理想的**です。中には１日２時間という意見もあります。

　「１日７時間のオンライン研修が可能か不可能か」というと、可能かもしれません。

しかし、効果的かどうかというと、効果的とは言い難いでしょう。

また、112ページでも述べた通り、集合するための時間や費用がかからないのがオンライン研修のメリットです。そもそも1日に詰め込む必要はないと考えることもできます。

なお、オンラインでの研修の時間を2～3時間にしておきさえすれば、それだけで効果的であるというわけではありません。**一方的な講義ではなく、インタラクティブで退屈しないデザインになっていることが前提**であることは言うまでもないことです。

対面研修のオンライン化のデザイン例

これまで7時間で行っていた集合研修を3時間にするためには、内容をかなり絞り込む必要があります。

ここで重要になってくるのが、非同期型学習を取り入れることです。

単純に4時間分の内容を削除するのではなく、知識の習得など非同期で学べることは非同期型の学びとしてデザインします。そして、同期の時間（研修）は、集合するからこそ得られる価値を提供する時間とします。

たとえば、次のように学習プロセスをデザインすることができるでしょう。

◎学習プロセスデザイン例

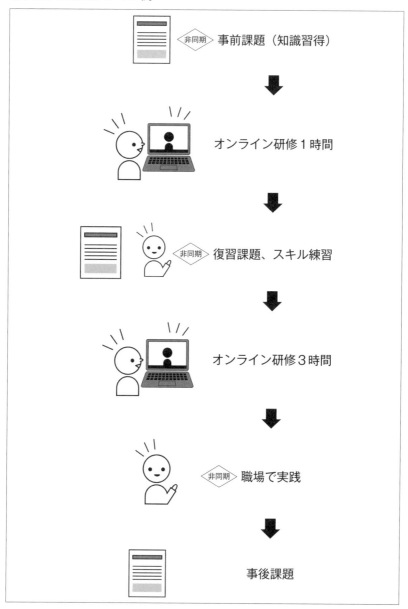

非同期 事前課題（知識習得）

オンライン研修１時間

非同期 復習課題、スキル練習

オンライン研修３時間

非同期 職場で実践

事後課題

ブレンディッド・ラーニング

同期・非同期、オンライン・対面を組み合わせる

　対面での集合研修を行うことが難しい状況では、同期での時間を含めたすべての学習プロセスをオンラインで行うことになるでしょう。しかし、今後は、非同期はオンライン、同期はオンラインもあれば対面の場合もあるといった変化が予測できます。

　同期・非同期、さらにオンライン研修と対面での集合研修を組み合わせて設計する学びは「ブレンディッド・ラーニング」と呼ばれています。

　対面での集合研修が行われるようになったとしても、以前のようにすべての研修を対面で行うわけではなく、オンライン研修を織り交ぜながら学習がデザインされるようになっていくと著者（中村）は考えています。

　では、今後、ブレンディッド・ラーニングを考えるにあたって、同期・非同期、オンライン・対面はどのように組み合わせるのがいいのでしょうか。
　目的や、時間や費用などの制限などを考慮することにはなりますが、大まかに以下のガイドラインで使い分けを検討します。

◎非同期／同期（オンライン／対面）　特徴

	特徴	向いている内容
非同期	・１人で学ぶ ・いつでも、どこでも学習できる ・個人のペースで学習できる ・何度でもくり返すことができる	・知識の習得 ・スキルの個人練習 ・学んだ内容を個人の状況に当てはめるための考察
同期（オンライン）	・ほかの人と一緒に学ぶ ・オンライン上で学ぶ	・知識の活用、応用、発展 ・課題解決 ・創造
同期（対面）	・ほかの人と一緒に学ぶ ・同じ空間で学ぶ	・対人関係構築 ・体験からの学習 ・実験、実習 ・知識の活用、応用、発展 ・課題解決 ・創造

　研修を企画する際は、同期（研修）の時間で何を行うかだけを検討するのではなく、次のような視点で検討していくことになります。

POINT!

◎ブレンディッド・ラーニングを企画する際のポイント

- 何を目的とするのか
- 目的を達成するためには同期・非同期、オンラインと対面をどのように組み合わせていくのが良いのか
- 学習全体として、どのようなプロセスを設計すれば良いのか

なお、このように、同期・非同期の両方を含め、プロセスとしてデザインする時、その進捗管理を効率的に行うために、LMS（Learning Management System）の導入も検討が必要な事項でしょう。

　LMS学習管理システムは、コンピューター上のシステムで、学習のためのコンテンツを配信したり、学習者の進捗管理を行ったりしていくものです。

　機能や特徴などさまざまなものがあり、またその内容・特徴も日々、変化しています。ニーズや目的、予算に合わせて選び、活用し、学習効果を高めていきましょう。

2-5

デザイン・準備の重要性

　第2章では、ここまで「参加者主体のオンライン研修」を効果的に行うための原理・原則を検討してきました。オンライン研修と対面での研修の違い、それぞれの特徴やメリットについて、少しずつ整理できたのではないかと思います。

　オンライン研修を効果的に進めるうえで決定的に欠かせないもの、それが「デザイン」です。ここでは、その必要性について、参加者の視点を踏まえながら検討していきましょう。

本項の Key word

「参加者の視点」
「インストラクショナルデザイン」
「ファシリテーション」

参加者の視点を考慮する

対面で行っていたことをそのままオンライン化する？

　研修をオンライン化する必要が生じた時、これまで対面での研修で行っていたデザインを踏襲しようとするのは、明らかに講師の都合です。

　準備の時間がとれない、オンラインのツールをスムーズに使う自信がない、あるいはそもそも違いを理解していないなどの理由で、これまでのデザインを大きく変えることなく研修のオンライン化を行っていないでしょうか。

　たとえば、これまでの対面での集合研修で、前半45分は講義、休憩をはさんで後半30分はグループ演習というデザインの研修を行っていたとします。

（なお、そもそも参加者主体の研修手法では、「45分間の講義」の中でも、8分に1回は参加者の参画を求め、20分を意味のあるまとまりとしてデザインし、次に進む前に20分の内容を落とし込むためのリビジットの時間を設けます。詳しくは、次の第3章で詳しく解説します）

　前半45分の講義をあきさせず、きちんと理解してもらうために、時折、参加者に問いかけをしたり、発言を促したりするでしょう。話し方にも気を配り、何とか参加者を引きつけます。

　では、この研修をオンラインで行うことになった時、前半45分をどう工夫するでしょうか？　おそらく、次のような方法がすぐに思いつくでしょう。

・リアクションが見えないため、チャットでコメントを求める
・誰かを指名して発言を求める

・カメラ越しに、うなずいたり、ジェスチャーを使ったりして反応しても
　らう
・絵文字などの機能を使って反応を求める

　さて、こうした方法は、参加者から見たらどうでしょうか。本当に効果
的な方法なのでしょうか。

参加者の視点①　講義中

　オンライン研修に参加している参加者は、対面での集合研修とは異なる
環境にいます。

> ## ◎オンライン研修の参加者の状況（例）
> ● 基本的に、その空間に自分１人しかいない
> ● 周りの人と気軽に話すことができない
> ● 周りの空気を読むことができない
> ● チャットは誰の発言かがわかり、記録に残るのがプレッシャーに感
> 　じることもある
> ● パソコンを使用しているため、メールやそのほかの誘惑がたくさん
> 　ある　など

　このような環境で集中力を何とか保つ中で、講師から指名されて発言を
するのは、対面での集合研修よりも、さらにハードルが高いと感じる方が
多いものです。
　また、**その空間に自分１人で参加しているので、気楽である一方で、周
りの人との関係構築がしづらい**という側面があります。関係構築が難し
く、空気を読めない中での発言や自己開示は、対面での集合研修よりも、
ずっと困難なものとなります。抵抗感やプレッシャーが大きいと感じる人
も決して少なくありません。

　こうした違いを考慮せず、同じように研修を運営しようとしても、うまくいきません。

　つまり、対面での集合研修で行っていたような、「前半45分の講義」の中で、さまざまな方法で参加者の反応を引き出そうとしても、なかなかうまくいかないのです。

　そして、講師から見ると、「反応が見えなくてやりにくい」となってしまう——というのは、1-1でもご紹介した通りです。

　対面での集合研修では、講師と参加者は同じ空間にいます。講師は講義をしながら参加者の様子やリアクションを直接見て確認することができ、対話をすることも比較的容易にできます。講義をしながら、時折、参加者に問いかけたり、指名して発言を求めたりしながら講義を進め、様子を見て説明を補ったりするといった臨機応変な進行ができたことでしょう（それでも8分に1回は参画を求めるデザインにする必要があります。脳は受け身の状態が長く続くと、退屈し始め、集中が途切れてくる点には注意が必要です）。

しかし、オンライン研修では講師は参加者と同じ空間にいません。講師から伝わってくるエネルギーは画面超しではどうしても減少してしまうことは、第1章でもご紹介した通りです。そのため、**集中力を持続するためには、講師の話力に依存するのではなく、集中を途切れさせない工夫を加えることが必要になるのです。**

参加者の視点②　グループ演習

　では、後半30分のグループ演習はどうでしょうか。
　グループの数がいくつあるかによりますが、オンラインの場合、講師が対面研修のように全体を俯瞰しながら様子を見て、必要に応じて声をかけたり介入したりするということができません。

　代替案として次の2つが考えられますが、これに対して参加者はどのような感覚を抱くでしょうか。

◎**グループ演習における参加者の視点**
- **講師が数分ずつ順番に各グループに様子を見に行く**
  - →そもそも、グループの数が多くなると、時間的に無理がある
  - →講師が来た途端に、自由に発言しづらい雰囲気になることもある

- **各グループにアシスタント講師をアサインする**
  - →常に監視されているようで、参加者にとってあまり心地良い環境ではない
  - →参加者の主体性を引き出す邪魔にもなる

　このように考えると、「後半30分のグループ演習」については、進め方を緻密に計画する必要がありそうです。あるいは、そもそも「30分の演習」というデザイン自体を見直す必要が出てくるかもしれません。

オンライン研修には、事前のデザインが欠かせない

オンライン研修は臨機応変な対応が難しい

　前のページまででは、対面での研修で行っていたことをそのままオンラインに当てはめて行うことのリスクを、参加者の視点を交えながら検討してきました。

　さらにもうひとつ決定的な違いがあります。それは、**オンライン研修では、その場の判断で臨機応変な運営が難しい**という点です。

　理解を深める必要がありそうだと感じ「では隣の人とペアになって今の点を話し合ってください」と言いたいと思っても、「隣の人」はいません。「伝わってないかもしれない」と感じてホワイトボードに図を描いて補足説明をしようと思った場合、オンライン上のホワイトボードを立ち上げて図を描いて説明することは、できなくありません。しかし、急に思いついて付け足しているのが明らかで、あまりスマートではありません。

　オンライン研修では、参加者の巻き込み方やツールの使用について、その場で判断するのではなく、**基本的にすべて準備段階で綿密にデザインしておくほうがスムーズ**なのです。

　つまり、**オンライン研修においては、対面での研修以上に事前のデザイン（インストラクショナルデザイン、ファシリテーションのデザイン）が求められる**と言えるでしょう。

　オンライン研修のインストラクショナルデザインとファシリテーションのデザインについては、第3章、第4章で詳しく解説しますが、対面での集合研修との違いをまとめると、次のような点があります。

オンライン研修におけるインストラクショナルデザインの特徴

・講師と参加者が同じ空間にいないため、講師の話術で参加者を引きつけることが難しい。そのため、講義の途中で参加者を巻き込むことをより頻繁に行う必要がある。対面の場合、少なくとも8分ごとに行うが、オンラインの場合は、4分ごとである
・4分ごとに参加者に問いかけたりしてリアクションを求めるとなると、かなりの頻度である。事前に問いかけなどの内容を決めておくだけではなく、どのようなツールや方法を使って実施するのかを計画しておくことがポイントとなる
・対面の場合、参加者の様子や表情などを見て判断できることが、オンラインでは非常に困難なのは前述の通り。どのように、どんなツールを使って参加者の反応を得るかを事前に計画しておく必要がある
・使用するツールが多岐にわたる場合、事前に決めて動作確認や操作練習を行っておくことも必要となる
・そうしたデザインと準備を行う結果として、数分刻み（3分解説し、問いかけて画面にスタンプを押してもらい、その後解説2分など）の計画になる

オンライン研修におけるファシリテーションのデザイン

　オンライン研修のファシリテーションというと、何を思い浮かべるでしょうか。数人の小グループに分かれてディスカッションやアクティビティを行ってもらい、終了後にリーダーから全体に発表してもらうなどの進行が一般的かもしれません。たしかにこれは、オンライン研修で講師が行うファシリテーションの代表的な場面です（こうしたプロセスのファシリテーションについては後述、4-4）。

　なお、こうした少人数に分かれるアクティビティを行う場合、プラットフォームによって方法はさまざまな違いはあるものの、**準備し、必要に応じて操作を練習しておくことが大切である**点は共通しています。

　また、対面での研修でも、同じ部署のメンバーばかりが集まらないよう

になどと配慮して、事前にグループ分けを行うことも多いでしょう。

　オンラインでも、これは同様です。各グループのメンバーは何名で、それは誰なのか、グループに分かれる際の操作は誰が行うのかなどについて、その場で決めるのではなく、講師、プロデューサーや担当者などとの役割分担や事前確認が、当日、スムーズに進行するうえで欠かせません。

　では事前に準備するのはグループ分けだけで良いでしょうか。

　オンライン研修では、準備しておかないと、ほかのことができなくなってしまう可能性があります。

　対面での研修では、臨機応変に「ではここは隣の人とペアで話しましょう」「今回は隣のグループの人とペアになりましょう」などの運営ができますが、オンライン研修では、まず、隣の人はいませんし、グループ替えをしようとすると設定の変更が必要になります。設定の変更を、誰がいつ行うかを段取りせずに、臨機応変に行うことは、とても困難なのです。

　このような対面での研修との違いを考慮して、使用する予定のプラットフォームにある機能を活用し、どの段階でどんなグループ分けにするのか、ペアワークを行うのか、ツールは何を使うのか、誰が操作するのか、などを事前に計画して、当日はスムーズにストレスや混乱なくファシリテーションを行いましょう。

　こうした準備（ファシリテーションのデザイン）を行い、参加者が集中できる環境をつくることも、講師の大切な役割です。

　このように、研修のオンライン化は、これまでの対面での集合研修と同じものを単に電波に乗せるのではなく、どうすれば参加者にとって学びやすいかを優先し、デザインやファシリテーションの方法を再検討することが必須なのです。

「ハイブリッド研修」について

　2020年に新しく生まれたであろう言葉に「ハイブリッド研修」があります。この言葉の定義はまだ定着していないようで、「ブレンディッド・ラーニング」の意味で使われることもあれば、研修を行う際、一部の参加者は対面で集合し、ほかの参加者はオンライン参加するという形式を指すこともあるようです。

　対面とオンラインの混在する研修という意味での「ハイブリッド研修」においては、講師は対面で集合している参加者と同じ会場にいることが多いようですが、講師もオンラインでの参加というのもあります。この「ハイブリッド・ラーニング」は、はたして効果的なのでしょうか？

　「ハイブリッド」という言葉から車を連想される方が多いかもしれません。電気とガソリンを効率良く切り替える新しいテクノロジーというイメージです。ですが、「ハイブリッド研修」はややイメージが異なると著者（中村）は考えています。

　効果や効率を追求して生まれたというより、研修を開催するうえで、主催者や参加者の都合から便宜上そうなった、というのが正直なところでしょう。

　「対面とオンラインの混合が成り立つ」と考えているのだとしたら、おそらくその背景には、「研修=講師の話を聞くものだと」という前提があります。

　話を聞くだけなら、混合でもまったく問題はありません。また、個人を指名して発言を促すスタイルも、混合でも問題なく可能です。

　しかし、「参加者主体の研修理論」に基づいて研修をデザインするとなると、話は別です。ここまで述べてきたように、そもそも対面での集合研修と、オンラインでの研修とでは、デザインが同じではありません。参加者をどのように巻き込むか、どんなツールや方法を使って対話をするかなどが大きく異なります。よって、「ハイブリッド」にするのであ

れば、対面研修用のデザインとオンライン用のデザインを同時に進行していくことになります。

　たとえば、次のような流れを計画していたとします。
①これから説明する内容について数字を予測するような問いかけをする
②参加者のリアクションを引き出したうえで解説する

　まず、「問いかけ」をスライドで投影します。オンラインの参加者は、スタンプやコメントをつける機能を使って画面に書き込んでもらいます。それと同時に、対面で集合している参加者にはフリップチャートに画面と同じ内容を書き出しておき、各人が太いペンで答えを書き入れていく。そして、対面の参加者が書いた内容を、カメラを向けて映してオンライン参加者にもシェアする（または、サポート役の誰かが、オンライン参加して画面に書き写す）といった方法が考えられるかもしれません。
　あるいは、オンラインの参加者には投票機能を使って回答してもらい、同時にその投票機能にアクセスできるQRコードをスライドに投影して、対面での参加者に各人のスマートフォンを使って回答してもらうこともできそうです。
　このように、不可能ではありませんが、あらゆる設定の複雑さが増すことになります。相当綿密なデザインと準備が必要ですし、当日のファシリテーションもかなりの力量が必要になるのが現実でしょう。
「そんな複雑なことはできない」と考えて、「対面の参加者はグループディスカッションをし、オンラインの参加者はチャットに記入してください」などの方法をとれば、たしかにシンプルにはなります。しかし、この方法では、対面の参加者とオンラインの参加者の学びへの関わり方、つまり学びの深さは大きな差が出てしまいます。
「対面で参加したい人と、オンラインで参加したい人（地理的に離れている人など）が混在しているため、ハイブリッドにしましょう」と安易に考えるのではなく、「目的」を達成するためにベストな手段・方法を選択し、ベストなデザインを行うのが「参加者主体の研修」なのではないでしょうか。

第**3**章

参 加 者 主 体 の
オ ン ラ イ ン 研 修 を
デ ザ イ ン す る

3-1

学習の法則

　この項目から3-7までは、『研修デザインハンドブック』1-3「インストラクショナルデザインの基本コンセプト」について、オンライン研修に当てはめるとどうなるかを検証していきます。基本コンセプト自体は、これまでの書籍と同様の内容となりますので、過去の著作をお読みの方は、軽く目を通していただき、「オンライン研修に当てはめるとどうなるか」を中心に確認を進めてください。

　はじめてお読みになる方は、研修デザインを行ううえでよりどころとなる内容です。1つひとつ事例をイメージしながら読み進めることで、効果的な研修デザインの基本をつかんでいただけるでしょう。

本項の
Key word

「学習の法則」
「大人の学習」

参加者主体の研修手法の「学習の法則」

参加者主体の研修手法では、大切にしている法則（基本原則）が５つあります。

POINT!

◎学習の法則

法則１	学習者は大きな身体をした赤ちゃんである
法則２	人は自分が口にしたことは受け入れやすい
法則３	習得はいかに楽しく学ぶかに比例している
法則４	行動が変わるまで学習したとは言えない
法則５	くわっ、くわっ、くわっ

　この５つはどんな時にもぶれることのない軸です。そのため、これまでのシリーズ４冊すべてでご紹介しています。

　これまでの著書をお読みいただいているみなさまは、要点を再確認しながら、そしてはじめてお読みいただく方や久しぶりに触れる方は、１つひとつの内容をご理解いただきながら、これらの法則がオンライン研修にどう当てはまるかを検証していきます。

法則1　学習者は大きな身体をした赤ちゃんである

「体験」「経験」を尊重した学びをデザインする

　子どもは、さまざまな体験を通して学んでいきますが、大きくなるにつれ、また大人になるとさらに、体験から学ぶ機会は減り、人の話を黙って聞くことで学ぶように求められてしまいます。

　ですが、大人も体験や経験から学ぶことは多いのです。大人であればなおさら、これまでの経験や豊富な知識を持ち合わせていますので、その経験や知識を最大限に活用して新たな学びを積み上げるのが良いのです。

オンライン研修の場合、同期（研修）の時間の内容だけをデザインするのではなく、プロセスとして捉え、非同期と同期の組み合わせでデザインする必要性があることについてはすでに述べた通りです（2-4参照）。

　参加者が非同期の学習で基礎知識を習得していることを前提として、同期で行う研修の内容をデザインしていきましょう。

　その際、「きちんと理解できていないかもしれない」「課題をしっかり終えていない人がいるかもしれない」「間違った理解をしているかもしれない」などという思いから、「念のため」に、ゼロからすべて説明するデザインにしたら、何が起きるでしょうか？

　たとえば、参加者が次のような感想を抱いても不思議ではありません。

「事前学習に取り組んだのに同じ内容を研修でも学ぶなんて、事前学習はしなくても良かったんだ……（次からは取り組むのをやめよう）」

「事前学習の内容と重なる説明を聞かされるのは、正直なところ時間のムダだと思う……」

　研修をデザインする際、参加者が何も予備知識や経験がないことを前提として、ゼロからていねいにすべてを説明しようとするのではなく、知識や経験を活用して取り組んでもらう課題を提示し、取り組んでもらった後に講師が解説する流れにしたり、理論の説明の前に体験してもらったりす

る流れにします。そうすることで、参加者の知識やこれまでの経験を活か
すことができます。

「体験」「経験」を活かすには

　なお、研修中に新たな「体験」をしていただくことも効果的です。オン
ラインでも何かを「体験」することは十分に可能なのです。
　もちろん、対面での集合研修とすべて同じことができるわけではありま
せん。道具や機械を使って何かをつくったり、作業したり、物を使って何
かを制作するなどは、オンラインで行うことは難しいでしょう。
　ですが、映像技術を使って、バーチャルでの疑似体験に置き換えたりす
ることができます。また、道具を使わないことであれば、オンライン上の
コミュニケーションで疑似体験できるかもしれません。
　たとえば、講義を聞く前に、これまでの経験を振り返ってディスカッシ
ョンをする、上司役と部下役を決めて対話を疑似体験するなどは、オンラ
イン上であっても問題なく行えます。

　また、すでに知っていること、あるいは事前課題で学んだ内容を活用し
て、課題に取り組むことも可能です。
　たとえば、次のような方法が考えられます。

◎予備知識を活かして課題に取り組む方法
- 問いかけ（課題やクイズ）に対して個人で考える
- 問いかけ（課題やクイズ）に対して個人で考えた後、チャットに答
  えを入力する
- 問いかけ（課題やクイズ）に対して個人で考えた後、グループに分
  かれてディスカッションをする
- アンケート機能を使って、予備知識の確認クイズに取り組む

法則2　人は自分が口にしたことは受け入れやすい

「自分事」になると実践につながりやすくなる

　人から言われたことよりも、自分の考えを言葉にして発したほうが「自分事」として捉えることができます。これは、コーチングとも共通する考え方です。

　研修で、講師が「〇〇しましょう」と語りかけるのではなく、講師は問いかけを行い、**参加者に自分自身の言葉で「〇〇します」と言ってもらうほうが、実践につながりやすくなる**のです。

　たとえば、コンプライアンス研修をオンラインで行う場面を考えてみましょう。

「〇〇をしましょう」「△△をしてはいけません」と講師から伝える前に、ありがちな状況のケースを用意しておいて、どう行動すべきか、それはなぜなのかを参加者に考えてもらいます。少人数のグループでディスカッションをしてもらうのも良いでしょう。

　その後、参加者から考えや意見を発表してもらいます。事前学習やこれまでの経験や知識から、おそらく講師が用意している「解答」と重なる発表が出てくることでしょう。その発表を受けて、講師は大切なポイントを強調したり、不足している視点を補ったりします。

　これを行わず、最初から「〇〇すべき」「××してはいけない」と講師が一方的に話すとどうでしょうか。興味を失って聞き流しながら内職をしたり、「押しつけられた感覚」が高まったりするかもしれません。また、内心は異なる見解があったとしても、オンラインでは発言することへの抵抗感が大きいため、発言することができず、納得できないまま研修が終わってしまうというリスクもある点には、十分な配慮が必要です。

「自分事」としてもらうには

　この法則2については、オンラインでは、対面での集合研修以上に強く意識して準備する必要があります。なぜならば、第1章からくり返し述べている通り、オンライン研修になると途端に「配信する」ことに意識が向いてしまうからです。

　オンライン研修でも、講義をする前に、参加者の考えを引き出すような問いかけをし、個人で考えてもらい、それをチャットやホワイドボードに書き込んでもらうなどの方法で共有してもらいます。
　それを受けて講師が講義を行うことで、講義の内容を自分のことと関連づけることができ、受け入れやすくなるでしょう。

　たとえば145ページのコンプライアンス研修の場合であれば、次のような方法をとることができます。

◎「法則2　人は自分が口にしたことは受け入れやすい」　実践例

①読んでもらうケースに対して、考えられる行動を3つの選択肢で用意し、スライドに掲示する

②どれが一番適切な行動かを考え、もっとも適切と思う選択肢にスタンプを押す（または、その番号をチャットに記入してもらう）

③②を選んだ理由について発言を促す

◎**スライド例**（もっとも適切と思うものにスタンプを押してもらう）

Aさんはどんな行動をとるのが良い？

1. すぐに上司に報告する　　　　3. 本人に直接アドバイスする

2. まず友人に相談してみる

また、講義の後に、何をどう活用するか（アクションプラン）を自分の言葉でアウトプットしてもらうのも良いでしょう。たとえば次のように、さまざまなツールを使った工夫が考えられます。

◎**アクションプランを自分の言葉でアウトプットしてもらう方法**（例）
- ●個人でワークシートに書く
- ●チャットに記入してもらい、シェアする
- ●小グループでシェアする
- ●ホワイトボードなど共有しているものに書き込む　など

法則3　習得はいかに楽しく学ぶかに比例する

オンラインだからこその「楽しさ」を取り入れる

「学ぶ」に対して形容詞をつけるとしたら、「まじめに」や「一生懸命に」という言葉が浮かぶ人も多いかもしれません。日本では、学ぶことは、苦しむイメージが強いように感じます。

　ですが、**笑いは脳に好影響を与えますし、「楽しい」というポジティブな感情を伴うことで、長期記憶に定着しやすくなる**ということもあります。また、**過度なストレス状態にあると、脳の学習能力は低下する**という点も、重要なポイントと言えます。

　とはいえ、エンターテイナーではないので、笑いをとろうと努力する必要はありませんし、盛り上がることがベストというわけでもありません。

　ユーモアやちょっとしたゲーム感覚を取り入れ、知的好奇心が刺激され、学ぶことが楽しいと感じてもらえる場をつくりましょう。

　オンライン研修も、楽しさは大切です。むしろ、オンラインのほうが、楽しくないと参加者は苦痛を感じてしまいます。

　対面での集合研修は、ある意味では物理的に拘束されることになりますし、講師や周りの人の目もあります。

　ですが、オンライン研修は参加している環境にいるのは自分1人であることが多いでしょう。さらには、パソコン、スマートフォンといった「内職」の誘惑が目の前にある状態です。そのため、**楽しくないと、参加者が興味を保ち続けるのは難しくなる**のです。

好奇心を刺激する工夫を取り入れる

「楽しい」といっても、エンターテインメントではありません。そのため、笑いをとりにいく必要はありません。

たとえば、次のような心理をうまく活用して、興味を持続してもらえるような工夫をすると良いでしょう。

◎**参加者の心理を活用して「楽しさ」を感じてもらう**

- 「問いかけられると考え、解説が聞きたくなる」
- 「クイズを出されると正解が知りたくなる」
- 「空欄があると埋めたくなる」
- 「意外な話の展開に引き込まれる」
- 「自分の仕事で具体的な活用イメージがわき、メリットが感じられると、もっと学びたくなる」

また、Zoomなどのプラットフォームに備わっているスタンプ機能を使って、参加者全員で画面にスタンプを押したりするのも、ちょっとしたゲーム感覚で楽しめます。クイズを出し、答えの選択肢を提示し、正しいと思うものを選んでスタンプを押す、などという使い方も考えられるでしょう。

オンライン上には、楽しい教育ゲームアプリなどもあります。アプリを使って、問題に答えるので、テストと言えばテストなのですが、ゲーム感覚で楽しみながら行えます。

法則4　行動が変わるまで学習したとは言えない

「成果」につながる学びをデザインする

　研修のゴールは「知る」ことではなく、「知ったこと・習得したことを職場で実践すること」というのは2-3でも述べた通りです。さらには、**実践した結果、ビジネス上の成果を生み出すことが、最終的なゴール**です。

　ですから研修では、何かを頭で理解したところで終了するのではなく、練習を重ね、成功体験を積み重ねて自信をつけてもらい、「職場に戻って早く実践したい」というモチベーションを高めた状態にまでもっていく必要があります。

　これは、「研修を実施した結果、成果があったのか？」という問いに対してどう答えるかにも通じることです。

　「〇%の参加者が、良い研修だった、と満足しています」では、研修の成果としては十分ではありません。「参加者の80%が修了試験で100点でした」も成果の一部ではありますが、経営者が知りたいのはそういうことではないでしょう。経営者は、学んだことを活用した結果、売上が伸びたのか、顧客満足度が上がったのかなどの「ビジネス上の成果が出たかどうか」を知りたいのです。

　研修の成果が顧客満足度につながったかを証明するのはとても困難です。しかし、少なくとも「研修参加者が〇〇〇な行動をとれば顧客満足度につながるはずだ」という仮説を立てておくことは可能ではないでしょうか。そして、研修の参加者がそのような行動をとったかどうかを追跡することはできるはずです。

　よって、研修では、知識の習得やスキルの習得だけを目的にするのでは

なく、「**研修後に、参加者の行動がどう変わるか**」を見据えたデザインが**大切**です。

　また、テレワークが進む中、上司が部下の日ごろの行動を見る機会が減っています。職場に出勤して毎日顔を合わせていた時は、部下の様子や行動の変化を直接確認することができましたが、今はそれさえも画面越しです。

　中には、上司と部下のコミュニケーションの機会・時間が圧倒的に減ったという方も多いかもしれません。

　そうなると、部下の評価についても、プロセスを見ることは難しく、結果での判断がよりウエイトを占めるようになります。

　ビジネス環境のこうした変化を考えても、研修も満足度や習得度などの途中の指標ではなく、成果はどうなのかという結果を重視する必要性がますます高まっているのです。

研修だけではなく、「学習プロセス」をデザインする

「成果」「結果」がますます求められるようになっている中で、学習の質を高めることは欠かせないと言えるでしょう。

　参加者の行動変容を目的とした研修をデザインするためには、2-4で紹介した**同期・非同期を組み合わせたプロセス**をデザインすることが重要となります。

　たとえば、次のようなデザインが考えられます。

◎同期／非同期を組み合わせた学習プロセスのデザイン例

非同期 　1．事前学習で基礎知識習得

⬇

同期 　2．（オンライン研修）　知識の活用・応用

⬇

非同期 　3．自分自身の仕事に当てはめて行動計画を立てる、上司と
　　　　共有して実践する

⬇

同期 　4．（オンライン研修）　実践する中で感じた課題について、
　　　　議論、課題解決

⬇

同期 非同期 　5．さらに実践

⬇

同期 　6．同期（オンライン研修）　成果の共有

法則5　くわっ、くわっ、くわっ

「わかったつもり」を防ぐために

　鳥の親子にまつわる中国の諺からヒントを得た法則です。

　まとめると、「ママがパパに何かを教え、パパができるようになったとしても、そこで終わりではない。パパがさらに子どもにそれを教え、子どもができるようになった時点で、はじめてパパは本当に習得したと言える」という内容です。

　つまり、**自分が習得したことを、ほかの人に教えられるレベルになって、はじめて本当に習得したと言える**のです。

　うわべだけでの理解では、そのレベルには到底到達できませんので、いったん自分の中で咀嚼し、腹落ちさせ、さらには練習・実践して自信をつけてはじめて、ほかの人に教えられるレベルにいけるのでしょう。

　わかったつもりになっていても、いざそれを誰かに伝えようとした時に、自分が深く理解できていなかったことに気づいた経験をおもちの人も多いのではないでしょうか。

　たとえば、ふだんはあまり考えることなく操作できるスマートフォンを、高齢の両親に説明するような場面を想像するとイメージしやすいのではないでしょうか。自分が使えることと、教えられることは、別のレベルなのです。

「習得」を深める工夫

　スマートフォンの例で考えると、基本的な操作方法を理解し、操作できるように練習するレベルまでは、事前学習でできる内容でしょう。それをほかの人に教えられるレベルに引き上げるには、ほかの参加者との関わり

が必要になりますので、同期のオンライン研修で、理解を深めるための課題に取り組む、説明する練習をしてみる、などのアクティビティを行います。

◎**理解したことを自分の言葉に置き換え、ほかの人に教えるアクティビティ例**

- ●**ほかの人に教える**
  ＊ワークブックや補足の資料、参考図書などを読めば理解できる詳しい情報がある場合に実施可能

  ステップ1：ページやトピックなどをグループで分担する

  ステップ2：担当の個所について、読んで理解する

  ステップ3：グループ内で理解の確認を行う

  ステップ4：グループをシャッフルして、自分の担当個所をそれぞれ教え合う

- ●**借り物競争**
  ＊運動会で行う借り物競争を、インターネットを活用しての情報収集に置き換えるイメージのアクティビティ

  ステップ1：グループごとに調べる内容を分担・アサインする

  ステップ2：各グループで制限時間内にインターネットで調べ、要点をまとめる

  ステップ3：各グループが調べた内容を発表する

  ステップ4：必要に応じて講師から補足説明する

時間配分──「90／20／4」の法則

　2-4において、効果的なオンライン研修を行うためには、一回の研修は最長で3時間までだとお伝えしました。では、この3時間の中身はどのようにデザインしていけばいいのでしょうか。

　それを考える際の基準となるのが、ここでご紹介する「90／20／4」の法則です。休憩時間をどのように取り入れれば良いのか、研修の中身を具体的にどのようにデザインしていけば良いのかについて検討していきましょう。

本項の Key word

「90／20／4」の法則
「休憩時間」
「リビジット」
「参画」

「休憩時間」をデザインする

60〜90分に一度の休憩をとる

　ここまでに見てきたように、オンライン研修ではとにかく参加者の興味や集中が途切れないようにする工夫が必要です。

　2-4で述べたように、**1日の研修の時間としては最大で3時間程度に留める**のがお勧めです。では、その3時間を具体的にどのような時間配分でデザインするのが良いのでしょうか。

　運動中に休憩が必要なのと同じように、学習中の脳も休憩してリフレッシュすることが必要です。

　では、どれくらいの間隔で休憩時間をとるのが良いのでしょうか。
　脳科学的な知見からも言えることですが、**集中力をキープしてもらうためには、長くとも90分に一度休憩時間をとる**のが良いでしょう。

対面での集合研修の場合は90分に１回の休憩を推奨していますが、オンラインでは疲れてしまって90分も集中力が持続しないという経験をしている人が多いようです。**90分はあくまで最大で、60分に１回、あるいはもっと頻繁に休憩時間をとる**のはまったく問題ありません。

オンラインによる疲労を軽減するには

　オンライン研修の場合、対面での研修より参加者は動かずにパソコンの前にずっと座っている状態が長くなりがちです。

　対面の研修であれば、体の向きを講師に向けたり、隣の人やグループ内で話をするために体の向きを変えたりすることができます。また、グループディスカッションの場合も、時には立ち上がってホワイトボードのところに集合したりと、参加者に動いてもらうことができます。

　ですが、**オンライン研修の場合、チャットも少人数のディスカッションもすべて画面上で行う**ことになります。そのため、参加者は、画面の前にずっと座り、画面を見続け、文字を入力するという姿勢が長く続くことになるのです。

　手元の資料にあるワークシートに書き込んだり、画面は見ずに個人で考えたり、時には立ち上がって体を動かしたり（3-8エナジャイザー参照）というバラエティがあれば、疲労は軽減されます。

　しかし、講師の映像を見ながら講義を聞き、時折チャットに書き込むくらいのデザインでは、疲労するのも無理ありません。

　オンライン研修での疲労を軽減するために、たとえば次のような工夫が考えられます。

POINT!

◎**オンライン研修での疲労を軽減する工夫**
- ●見る必要がない時は、ブラックアウトする（画面を暗くする）
- ●手元のワークシートに書き込んだりして、画面から目を離す
- ●講師も参加者もカメラをオフにする
- ●体を動かすエナジャイザーを取り入れる

とはいえ、もっと短い間隔で休憩してはいけないわけではありません。60分に一度程度の休憩時間をとって、リフレッシュするのも良いでしょう。

休憩時間の目安は次のようになります。

POINT!

◎**休憩時間の目安**
　90分に一度の場合：1回あたり10分〜15分程度
　60分に一度の場合：1回あたり数分〜10分程度

2時間の研修での「休憩」について

　90分ごとの休憩を基本と考えると、オンライン研修の全体の時間は、1時間以内に終了する短時間のもの、90分、もしくは途中で休憩をとって3時間のものがデザインがしやすくなります。

　しかし、世の中には2時間の研修・セミナーが多く存在します。

　2時間の対面での集合研修では、途中で休憩をとることはあまりないかもしれません。しかし、ここまで見てきたことを考えると、短時間でもいいので、途中で休憩を入れたほうが、集中力が持続しやすくなります。

　なお、オンラインの場合は、対面研修よりも短時間の休憩を頻繁に設定しやすいのではないでしょうか。

　対面研修では、お化粧室や喫煙場所に移動するだけで時間がかかったり、混雑したりすることなどへの配慮が必要な場合もあります。しかし、オンライン研修の場合、自宅などで参加している参加者が多いため、それほど時間を要さずに、短時間で気分転換をすることが可能です。

　オンラインで2時間の研修・セミナーを行う場合、60分を目安に10分程度の休憩を入れると良いでしょう。もしくは、それくらいのタイミングで個人ワークを行い、時間を長めに設定します。

　たとえば、次のような方法が考えられます。

◎**休憩時間をかねた個人ワークをデザインする（例）**
- **3分間で終わる個人ワークに、10分の時間を設定する**
- **終わった人は休憩時間にする**
  - ＊休憩のとり方は、参加者各自に任せる

こうした方法を採用することで、先に休憩をしてから課題に取り組む、先に課題を終えてから休憩する、休憩は必要ないのでじっくりと時間をかけて課題に取り組むなど、参加者が自分のペースで進めることができるでしょう。

「90／20／4」の法則

「20分」を単位にデザインする

　疲労を感じるかどうかは、休憩で区切られた60～90分がどのようにデザインされているかによって大きく異なってきます。

　では90分間をどうデザインするのが良いでしょうか。ここで基準となるのが、「90／20／4」の法則です。

　まず、**大人が記憶を保持しながら話を聞くことができるのは20分**です。

　そのため、20分を単位として研修をデザインし、20分おきにペースを変えたり、明らかに異なった形式にしたりします。

「20分」に一度のリビジット

　また、研修でせっかく学んだことの長期記憶への移行を促すために、重要な点は何度かくり返すことがポイントなのですが、そのカギとなるのが研修デザインの「20分」という単位です。

　人が、記憶を保持しながら聞くことができるのは20分です。

　そのため、**20分ごとにリビジット**を行います。

　リビジットというのは、いわゆる「復習」「おさらい」の意味ですが、講師が大切なポイントをくり返すのではなく、**参加者自身が何かを行うことで「復習」「おさらい」をする**ことをリビジットと言います。

　つまり、効果的なリビジットは次のようになります。

◎効果的なリビジット

・「ここまでのポイントをまとめます」などと講師が重要事項をくり返す

・「〇ページから〇ページまでの大事なポイントを自分の言葉で2点にまとめましょう」「この5つの点が自分の仕事においてなぜ重要かを、自分自身の言葉でアウトプットしましょう」などと投げかけ、参加者に考えてもらったり、書いたり話したりしてもらう

また、毎回同じ方法ではワンパターンになって飽きてしまします。そこで、オンライン上のどのツールを使うかにも変化をつけると良いでしょう。

POINT!

◎効果的なリビジットのバリエーション
- ●振り返りの質問に対してチャットに書き込む
- ●（可能であれば）ペアでチャットをする
- ●ホワイトボードに書き込む形で問いかけや設問に答える
- ●配付資料に要点を書き込んだり、重要ポイントに印をつけたりする
- ●配付資料やワークシートを使って設問に答えたり、要点を整理したりする
- ●投票・アンケート機能を使って復習クイズに回答する
- ●音声で回答・発言する

オンラインではより短い間隔で「参画」を促す

　続いて、「90／20／4」の法則の「4」について検討していきます。な
お、この法則は、対面での集合研修の場合、「90／20／8」となります。
　対面での研修では、参加者の興味を持続させるために、8分ごとに何か
しらの参画をしてもらいます。一方、**オンラインでは「4分」に一度の参
画を促す**ことになります。
　この差はなぜ生まれるのでしょうか。

　対面での集合研修の場合、基本的に講師と参加者は同じ空間にいます。
講師が講義を行っている時、参加者とアイコンタクトをすることも可能で
す。また、目の前にいて話をしている講師から伝わってくるエネルギーが
あります。それに対して、参加者はうなずいたり、メモをとったり、時に
は何か発言をしたりしながら進行するでしょう。自分以外の参加者がその
ような反応をしているのも、見たり感じたりできるのです。
　それでも、受け身の状態が長くなると脳は興味を失い始めるため、8分
ごとに参画を促すわけです。

　しかし、オンラインでは環境が異なります。
　講師からのエネルギーは画面越しになるため、同じ空間にいるほど直接
伝わってきません。参加している空間には自分1人しかいないことが多
く、ほかの参加者がつくり出す空気もあまり伝わってきません。
　さらには、目の前にあるのはパソコンやスマートフォン。集中力を奪う
誘惑がすぐそこにあります。参加者が置かれている環境はこうも違うので
す。
　そのため、オンライン研修では、対面での研修よりもさらに短い間隔で
4分ごとに参画を促し、興味を引きつけ続ける必要があるのです。

4分に一度の「参画」をデザインする

　とはいえ、「4分ごとの参画を促す」とは、4分に一度ディスカッションやチャットへの書き込みなどを取り入れるという意味ではありません。**「話を聞く」という受け身の状態から、「考える」「反応する」という能動的な状態にする時間を設ける**という意味です。

　4分に一度の参画の方法として、たとえば次のようなものが考えられます。

POINT!

◎参画を促す方法例
- ●講師が問いかけ、個人で考える
- ●講師の問いかけに、スタンプや絵文字などでリアクションを示す
- ●問いかけに対してチャットにひと言書き込む
- ●配付資料にある問いに対して、個人で答えを考えて記入する
- ●配付資料などを読んで、重要点に印をつける
- ●投票・アンケート機能を使って回答する

　ここで紹介した「90／20／4」の法則を用いた具体的なデザイン例は、3-9で紹介しています。あわせて参照してください。

3-3

研修の構成
——CSR：コンテンツ・参画・リビジット

3-2では、具体的にどのような時間配分で研修をデザインしていくかを検討してきました。「90／20／4」の法則の通り、20分を最小単位として研修をデザインしていくのが、参加者主体の研修の基本となります。

では、20分の中身はどのように構成していけば良いのでしょうか？

本項目では、そのヒントとしてCSRというフレームワークをご紹介します。1つひとつ見ていきましょう。

本項の Key word

「20分」
「コンテンツ」
「参画」
「リビジット」

「20分」をどのように構成するか

研修の構成を考える

3-2では、研修を組み立てる際には「90／20／4」の法則を用いてデザインしていくことを確認しました。ここで重要なポイントは、「20分」を最小単位としてデザインをするということです。

その20分を、下記の3つによって構成していきます。

POINT!

◎ 20分を構成する3つの要素
- ● C（コンテンツ）：研修の内容に関する情報提供、アクティビティを
  通して学ぶ
- ● S（参画）：4分に一度、参加者が主体的になれるような機会をつく
  る
- ● R（リビジット）：20分の内容を参加者自身によって復習・振り返
  りをしてもらう

図3-1 20分を構成する3つの要素

C：コンテンツ

　これは一般的な研修でも行われているものなので、イメージがしやすいのではないかと思います。「いかにコンテンツを伝えるか」については、多くの講師が工夫を行い、日々、研鑽を行っている部分ではないでしょうか。

　この傾向は、オンライン研修においても同様です。むしろ、オンライン研修では、「情報を伝える」「配信する」ことに、より意識が向きがちだということは、第1章からくり返しお伝えしたことです。

　しかし、伝えたからといって相手が学んだとは限りません。

　さらに加えると、研修といえば「対面」が当たり前だった時には、「集まって"先生"の話を聞く」というスタイルにあまり疑問を抱かなかったかもしれません。ですが、オンライン研修が定着してきた今、そこには大きな変化が生まれています。

　「対面で集合する必要があるか？」 さらには、**「そもそも、オンラインであっても集合（同期）する必要があるのか？」** という根本的な問いに答えなければいけません。

　非同期の学習（動画や書籍、資料だけ）では得られない価値が、そのコンテンツにはあるでしょうか。コンテンツをただ説明するだけではないデザインが必要なのです。

　なお、この「C」の効果的な方法については、3-4で紹介する「研修の構成順序——EAT」を取り入れることをお勧めします。

　また、本書と同時に発売となった『オンライン研修アクティビティ』において、「ラーニング（コンテンツを学ぶアクティビティ）」が多数紹介されています。これを活用することで、オンラインにおいても、主体的に研修コンテンツを学んでもらうことができるでしょう。

S：参画

　参画とは、3-2でお伝えした通り、「話を聞く」という受け身の状態から、「考える」「反応する」という能動的な状態にする時間を設けるということです。

　4分ごとの参画は、個人で何かについて読んだり、考えたり、スタンプなどで反応を示したりするという短時間のことでも十分です。「講師の話を聞く」という受け身の状態から、参加者が何かを行う能動的な状態に切り替えることができれば目的は達成されます。

　参画の方法例については3-2でもお伝えしましたが、個人で考えて何らかのアクションをするものが多くなります。

　もしかしたら、オンライン研修で個人ワークの時間を設定すること自体を、新鮮に感じる方もいるかもしれません。以下のような個人ワークは、理解を深めたり、自分の仕事への落とし込みをしたりするのに有効ですので、ぜひ活用してください。

> **POINT!**
>
> ◎参画を促す個人ワーク例
> - 手元資料にある情報を個人で黙読する
> - 空欄に入る言葉を予測して記入する
> - 問いかけに対して、答えを考える
> - 理解できた内容と、すっきりしていない内容を整理する（その後質問する機会などがある）
> - 読んだ内容や講義で聞いた内容について、自分の仕事への活用を検討する

R：リビジット

　人は新しい情報を受け取る際、無限に吸収できるわけではなく、限界があります。どんどん新しい情報が流れてくると、興味をもって聞き、その時は理解したつもりになるものです。ですが、「とてもおもしろい内容だったと思ったけれど、時間が経って思い出そうとしても思い出せなくなっていた」という経験をもちの人は多いのではないでしょうか。

　それは、下のイラストのように、許容量を超えたためにあふれてしまった、とたとえることができます。

　著者（中村）も、つい最近、そのような経験をしました。ペットの食育（犬の手作りごはん）について学ぶ講座に通った時のことです。とてもモチベーション高く、すべてを吸収したい意気込みで参加し、先生の話にくぎづけで楽しく学んだにも関わらず、試験前に復習しようとするとまるで思い出せないことが多く、その事実に愕然としました。

　では、このようにあふれてしまうことを防ぐにはどうすればいいでしょうか？
　それには、グラスに注いだ水を飲んでもらい、空になってから次を注ぐことが重要だと言えます。その**「水を飲んでもらう」**時間が、**リビジットの時間**です。

20分というまとまりについて、次の20分に移行する前に、参加者自身が20分の内容を振り返り、落とし込みをし、整理する時間です。

　これは参加者自身が考えたり、書いたり、話したりする方法で行います。決して、講師が重要点をリピートする方法ではありません。

　リビジットのポイントは3-8でも解説します。

「90／20／4」の法則と「CSR」を組み合わせてデザインする

20分を単位として90分を組み立てる

「90／20／4」の法則と「CSR」を組み合わせると、90分間のデザインのテンプレートは次のページのようになります。

3時間の研修であれば、この90分のまとまりを2つ組み合わせていくことになります。

なお、60分で休憩を入れる場合は、次のような方法をとることができるでしょう。

・3つ目の△の中に、長めの個人ワークの時間を設けて休憩もかねる
・区切りのいいタイミングで、エナジャイザー（3-8参照）を入れ、3分程度リフレッシュ休憩をしてから続ける

◎研修デザインテンプレート：90分

時間	CSR	内容	ツール	プロデューサー
5分		オープニング		
20分 △				
20分 △				
20分 △				
20分 △				
5分		クロージング		

（ここまでで合計90分）

「4分ごとの参画」のデザインをどのように運営するか

　オンライン研修を「90／20／4の法則」に沿ってデザインする際、ポイントであると同時に、ハードルの高さともなるのが細かさです。「90／20／4」の「4分ごとの参画」をデザインすることになると、かなりの頻度で何かしらの働きかけをしていくことになります。しかも、参加者をあきさせないように、ずっと同じ方法で行うのではなく、バリエーションを加えようとするわけです。

　これは、**その場の思いつきでできることではありません。**

　オンライン研修をデザインする際には、「参画」に限らず、それぞれの時間帯に何を行うかについて、内容を決め、問いかけなどのアクティビティを決めておくことに加え、どのツールを使って参画してもらうかについても計画をしておくことが、とても重要です。チャットを使用するのか、反応ボタンを使用するのか、画面に書き込んでもらうのか、スタンプを押してもらうのか、あるいは外部アプリを使うのか……そうしたことを**すべて計画し、準備しておく必要があります。**

　さらに、プロデューサーとのコラボレーションで研修を進行するのであれば、その内容を共有し、準備し、役割分担を決め、使い方を練習したり、必要に応じてリハーサルを行ったりすることになります。

　次のページに、参考として、研修の内容、使うツール、プロデューサーの役割例についてまとめた表を掲載します。

　このようなメモを事前に作成し、リハーサルを行い、問題なく進められるかどうかを確認したうえで（リハーサルの結果によっては調整も行なったうえで）、研修本番を迎えるようにしましょう。

◎研修デザインとツール、プロデューサーの役割等

時間	CSR	トピック	内容	ツール	プロデューサー
2分		オープニング	なぜオープニングとクロージングが大切か	解説	
10分	C	オープニングについて	1つ目のカギ	スライドと配付資料	講師のカメラをオンにする
	S		ジェスチャー	カメラ	・ジェスチャーを行う際プロデューサーも同じことをする ・参加者の参画を促す
	C		2つ目のカギ	スライドと配付資料	
	S		ジェスチャー	カメラ	
	C		3つ目のカギ	スライドと配付資料	
	S		ジェスチャー	カメラ	
	R		今日の研修のオープニングは何でしたか？	チャット	
10分	C	クロージングについて	1つ目のカギ	スライドと配付資料	講師のカメラをオンにする
	S		ジェスチャー	カメラ	・ジェスチャーを行う際プロデューサーも同じことをする ・参加者の参画を促す
	C		2つ目のカギ	スライドと配付資料	
	S		ジェスチャー	カメラ	
	C		3つ目のカギ	スライドと配付資料	
	S		ジェスチャー	カメラ	
	R		オープニングとクロージングのジェスチャーを思い出して確認	ブレイクアウトルーム	ブレイクアウトルームの設定
6分		クロージング	オープニングとクロージングの実践方法についてブレスト	ブレイクアウトルーム	ブレイクアウトルームの設定

臨機応変な対応の難しさを乗り越える

　対面での集合研修と比べて、オンライン研修は臨機応変な対応や、その場での変更がとても難しいと感じていますが、その理由はこうした準備が必要であることにあるのでしょう。

　たとえば、対面での研修の場合、「ちょっと眠そうにしているな」と感じたら、その場で質問を考え「○○について隣の方と１分間で話してください」など投げかけることは、そんなに難しいことではありません。

　しかし、これと同じことをオンラインで行おうとすると何が起きるでしょうか。

　以下で検証してみましょう。

① 「隣の人」とペアを組むことができない

　まず、隣の人がいません。そのため、ペアワークをするのであれば、ペアをあらかじめ決めておく必要があります。もし決めていなかった場合、名簿の順にするのか、誰と誰が組むのかなど、ペア決めをするだけで、時間を使ってしまいます。

　よく「画面で私の右側に映っている○○さん」などと言うことがありますが、画面上で誰がどこに映るかは、人によって異なります。

② 「話す方法」をどうするか

　ペアが決まったとして、どのように話すかについても指定する必要があります。

　ペアでチャットできる機能はあるでしょうか。あればそれを活用すれば良いでしょう。しかし、チャット機能の使い方を解説する必要があれば、そこでもまた時間がかかります。

　ペアでチャットする機能がなければ、２人組みのグループを設定して移動するという方法も考えられます。しかし、ブレイクアウトルームを設定するにも時間がかかりますので、時間をロスしてしまう可能性もあるでしょう。

このようにオンライン研修をスムーズに運営していくためには、事前に
デザインをつくり、段取りを行っておくことが欠かせないのです。
　あきさせず、テンポ良くスムーズに運営できるよう、とにかく綿密なデ
ザインと準備を行いましょう。

3-4

研修の構成順序
——EAT：経験・気づき・理論

　20分という時間の構成要素（CSR）を大まかにつかんだうえで、続いて検討していくのは「C」の部分をどのように組み立てていくのかについてです。つまり、研修をどのような順序で構成していけばいいのかを検討していきます。

　3-1の学習の法則でも紹介したように、参加者の「経験」「知識」を活用したデザインを行っていくのが参加者主体の研修のポイントです。具体的な考え方、デザインのコツを以下で見ていきましょう。

本項の Key word

「EAT」
「経験」
「気づき」
「理論」
「ロールプレイ」

どのような順序で構成するか

研修は理論の説明から始まるもの？

「伝えたからと言って相手が学んだとは限らない」

これは、これまでにくり返しお伝えしていることです。つまり、**講師の役割は情報提供者ではない**のです。もし、情報提供が主な役割なのであれば、動画などオンデマンドの教材配信で事足りるのではないでしょうか。

対面であったとしても、オンラインであったとしても、集合しているからこそ得られる価値を提供するのが「研修」の場なのです。

また、研修において、こうした思い込みはないでしょうか？

「研修は理論の解説から始めるべき」

はたして、これは本当にそうでしょうか？

「参加者主体の研修」では、これは研修の構成についてのよくある思い込みだと考えています。研修に参加する人は何かしらの予備知識や、これまでの経験をもち合わせています。

それを活かしていくことの重要性については、3-1「学習の法則」でもお伝えしたとおりです。

EAT──経験・気づき・理論

参加者主体の研修では、EATの順で内容をデザインしていきます。

POINT!

◎ EAT による研修デザイン

E（Experience）：経験

↓

A（Awareness）：気づき

↓

T（Theory）：理論

理論の説明の前に「経験」し、「気づき」を促し、最後に解説・補足として「理論」を解説するという順です。あるいは、もっている「知識」を活用して取り組む課題を提示し、「気づき」を促し、最後に解説・補足として「理論」を解説するというケースも考えられます。

EATの順序で研修をデザインすることで、次のようなメリットが得られます。

POINT!

◎ EAT──経験・気づき・理論によるデザインのメリット
- 知識やレベルがバラバラの際、底上げをすることができる
- 自身の体験をもとに説明を聞くので、納得度が高まる
- 体験をもとに解説を聞くことで、理解度が高まる
- 最初に体験や課題への取り組みがあるので、興味が高まったり、主体的になったり、関連づけて整理できたりする
- すでに知っていることの説明を聞かされるというストレスがなくなる
- 的を絞った講義ができるので研修全体の時間短縮につながる

3

参加者主体のオンライン研修をデザインする

オンラインでEATをデザインする

　このEATのコンセプトを活用してオンライン研修をデザインするとどうなるでしょうか。以下では、次の2つのパターンに分けてデザインの考え方やコツを考えていきましょう。

> **POINT!**
>
> **EAT のデザインの種類**
> 1. 過去の経験や知識を活用してもらう方法
> 2. 研修の場で実際に体験してもらう方法

過去の経験や知識を活用したデザイン

「参加者の知識・経験」を活用する

　講師からの理論の説明が最初にあると、どうしても受け身になってしまったり、「そうとは限らないのではないか……」と否定的な態度になる可能性が高まったりするリスクがあります。一方、参加者の経験や知識を尊重する形をとると、受け取り方は違ってきます。

　たとえば、何らかの課題に対する答え合わせを行う場合を考えてみましょう。**正解だった場合（参加者が知識をもっていた場合）は、参加者は肯定される**ことになります。たとえ**間違ってしまったとしても、意外性などの感情とともに記憶に残りやすくなる**というメリットもあるのです。

　参加者がもっている知識を活用して課題に取り組んでもらうには、講師が説明を行う前に、次のようなアクティビティを行っていきます。

POINT!

◎参加者の「知識」を活用するアクティビティ例

- ●課題を提示して、少人数のグループで取り組む
- ●これから話す内容に関してクイズや問いかけを行い、チャットやホワイトボードへの書き込みなどの機能を使ってコメントをする
- ●予備知識を活用する小テストのようなものをアンケートや投票機能を使って行う

　講義の前にこのようなアクティビティを行うことによって、参加者自身も、そして講師も、すでに理解できていることと、そうではないことがは

っきりします。講師は、参加者の理解が不足している点を重点的に解説すれば良いのです。そうすることで、「知っていることを長々と聞かされる苦痛」が大きく軽減されるでしょう。

　また、講師の説明が、ただ単に説明を聞くという受け身なものではなく、課題やクイズなどの解説や「答え合わせ」という位置づけに変わるため、興味が持続しやすくなります。

最初に課題に取り組んでもらうデザイン手法

　前のページでもご紹介したように、講師が解説を行う前に参加者自身に「課題」に取り組んでもらう方法は、とても効果的なデザインです。

　具体的には、次のような方法によって「最初に課題に取り組んでもらうデザイン」を作成することができるでしょう。

◎最初に課題に取り組んでもらうデザイン手法

種類	方法・使用ツール	内容
クイズ	・個人ワーク ・アンケート・投票 ・チャット ・ホワイトボード（画面に 　スタンプなど） ・少人数グループ	・○×クイズ、選択肢の中から正解 　がどれかを考えるクイズ、オープ 　ンな質問に対して答えを考えるな 　どさまざまな方法が可能 ・回答方法についても左記のような 　ツールをいろいろと活用すること 　ができる
真実か伝説か	・個人ワーク ・アンケート・投票 ・チャット ・ホワイトボード（画面に 　スタンプなど） ・少人数グループ	テーマに沿って箇条書きにされた数 項目から10数項目の文章について、 正しい（真実）か、間違い（伝説） か、およびその理由を検討する
間違い探し	・個人ワーク ・チャット ・ホワイトボード（画面に 　スタンプなど） ・少人数グループ	そのトピックについて書かれている文 章を画面に表示する。その中に数か 所、間違った情報を入れておき、ど こが間違いなのか、なぜ間違いなの か、正しくは何なのかを考えてもらう
キーワード予想	・個人ワーク ・チャット ・ホワイトボード（画面に 　スタンプなど） ・少人数グループ	・配付資料に空欄を入れておき、空 　欄に入る言葉を予測してもらう ・個人で考えるだけでも良いし、ペ 　アでチャットをするなど相談した 　りしても良い
問題を解く	・個人ワーク ・チャット ・ホワイトボード（画面に 　スタンプなど） ・少人数グループ	・これまでに学んだことや、もって 　いる知識を使って、課題に対する 　解決策を考えてもらう ・個人で考えた後、チャットでシェ 　アをしたり少人数のグループで検 　討してから講師が解説する流れに 　することで、講師の解説への興味 　が増す
ケーススタディ	・個人ワーク ・少人数グループ	・説明してから問題やケーススタ 　ディに取り組んでもらうデザインが 　多いが、それを最初に行ってから 　解説するという順序にする

最初に課題に取り組んでもらうデザイン例

続いて、こうした手法を実際に組み込んだデザイン例を紹介します。

◎最初に課題に取り組んでもらうデザイン例（営業・販売スキル研修）

1. 接客販売場面において、「お客さまからの問い合わせに対してこう答えた」「こういうお客さまにはこの商品をお勧めする」などが書かれた10項目について「真実（正しい）」か「伝説（間違い）」かを個人で考える

2. 1について少人数のグループに分かれてディスカッションをし、チームとしての見解を共有しておく

3. メインの部屋に戻り、講師が提示している画面にチームの代表が書き込んだりスタンプを押したり、あるいはチャットに記入したりして、チームの見解をシェアする

4. 講師が解説する

研修の場で実際に体験してもらうデザイン

参加者に「体験」を提供する

この方法も、前のページまででご紹介した最初に課題に取り組んでもらうパターンと、基本的には流れは同じですが、大きく異なる点は、その場で体験するという点です。疑似体験であっても、何かを実際に体験することで得られるインパクトは大きくなります。**話を聞くよりも、体験したことのほうが記憶に残りやすい**というメリットがあるのです。

「学習者は大きな身体をした赤ちゃんである」という「学習の法則」（3-1参照）にもあるように、大人も、子どもと同じように体験から得るものは大きいのです。

このデザインでは、頭ではわかっていても、実際に行動が伴わない、スキルの習得には至っていないといった場合、参加者自身がそれを自己認識することにも役立ちます。「できているつもりでも実際にできていないこと」を、他人から指摘されるのは良い気持ちがしませんが、体験を通して自己認識できれば、受け入れやすくなるものです。

研修の場で実際に取り組んでもらうデザイン手法

では、研修の場で実際に取り組んでもらう、体験をしてもらうにはどのような方法・手法が考えられるでしょうか。

代表的なデザイン手法を次にまとめます。

◎研修の場で実際に体験する　デザイン手法

種類	方法・使用ツール	内容
ロールプレイ	少人数のグループ	・テーマや課題を設定し、2〜3人のグループに分かれて行ってもらう ・一般的には理論などを説明した後にロールプレイを行うことが多いが、それを最初に行ってもらうデザイン ・学習前なのでうまくいかない可能性が高いため、全員の前で行うことは避ける、少人数のグループ内で試しに行ってみる、講師も様子を見に行かないなどの配慮をする
疑似体験	動画	・研修で扱う内容についての、良い例、良くない例の動画を活用する ・「あなたがこの人だったら次にどうするか？」などを動画を見て考えてもらい、その後、解説するという流れ

研修の場で実際に取り組んでもらうデザイン例

　続いて、こうした手法を実際に組み込んだデザイン例を紹介します。

　たとえば、プレゼンテーションスキルを学ぶ研修を例に考えてみましょう。体験から学ぶこと、そして非同期も含めて考えることで、次のページのようなデザインが可能になります。

　対面の研修であれば、研修当日にその場で練習やフィードバックを行うデザインにすることを考えるでしょう。講師からすぐにフィードバックをもらったり、ほかの参加者のプレゼンテーションからも学べたり、というメリットがあります。

　一方、次のページのようなオンライン研修での非同期も含めたデザインにもメリットはあります。非同期では、何度も撮り直しが可能なので、自分が納得いくまで体験することができるのです。こうした「撮り直す」というプロセスそのものが、とても効果的な練習の機会となるでしょう。

◎研修の場で実際に体験する　デザイン例

1．事前課題
・プレゼンテーションの基本について動画で学習する
・テーマを設定し、プレゼンテーションを行い、動画撮影をする
・撮影した動画を提出（指定の場所にアップロード）する
・講師やほかの参加者はそれを見てコメントやフィードバックを行う

2．オンライン研修当日
・少人数でプレゼンテーションを行いお互いにフィードバックをする
・講師もサポート・解説する

3．事後課題
・研修で学んだことを活かして、練習し、再度動画を撮影する
・撮影した動画を提出（指定の場所にアップロード）する
・講師やほかの参加者はそれを見てコメントやフィードバックを行う

3-5

参加者が主体的で安心して学べる学習環境をつくる

学習効果を高めるためには、研修を安心・安全な場とすることが必要です。しかし、オンライン研修は、対面での研修とは異なり、物理的に同じ空間にいないため、どうしても人間関係の構築がしづらくなるというデメリットがあります。過度な緊張は学習を阻害するという脳の特徴を考慮すると、オンライン研修において参加者に安心・安全を感じてもらうことは、とても大切なポイントだと言えます。

では、どのようにしたら参加者が主体的で安心して学べる環境をつくり出すことができるのでしょうか。この項目で検討していきましょう。

本項の Key word

「選択肢・決定権」
「全員の巻き込み」
「リーダー決め」
「自己開示」

安心・安全な学習環境をデザインする

参加者に安心・安全を感じてもらうには

　研修の場は、安心・安全な場である必要があります。参加者が発言をしたり、講師やほかの参加者と関わることに対してオープンで、お互いに受け入れ合える関係性を構築したり、主体的に学びに関わったりすることができるような環境づくりが必要です。

　とはいえ、これは「ここは安心、安全な場です！」と宣言すれば良いという単純な話ではありません。

　オンライン研修は、つい「情報提供をする」「配信する」ことに意識が向きがちであるのはくり返し述べてきた通りですが、それは参加者側にも同じことが言えます。つまり、「話を聞く」という受け身の状態を予想して参加している人は少なくありません。

　オンライン研修が始まった頃に比べると、講師側も参加者側もかなりオンラインの場に慣れてきたと言えます。しかし、まだまだリアクションと言えばチャットに書き込む程度という研修が少なくない現実もあります。つまり、お互いにとってそれが暗黙の共通認識になっている可能性があるのです。

　ここまでに紹介してきたようなツールを使って参画を促すと、新鮮で楽しいと感じて抵抗なく参加してくれる人もいる一方で、予想していなかった展開に戸惑う人がいることも考えられます。そんな方にも、安心して参加してもらえるような学習環境をデザインすることが、大切なのです。

　そうした学習環境をデザインするうえでは、次の2点がポイントとなります。

・ポイント１　参加者に選択肢・決定権がある
・ポイント２　全員を巻き込む

参加者に選択肢・決定権がある

なぜ選択肢・決定権が重要なのか

　安心して学べる学習環境をつくるうえでの１つ目のポイントは、**選択肢や決定権を参加者に委ねる**という点です。

　オンライン研修においては、使用するツールを１つに限定せず、複数用意して、参加者が使いやすいものを選んでもらうということがとても重要です。
　たとえば、問いかけをしてリアクションを求める場合、「音声でもいいし、チャットでもいい、画面に書き込みをしてもいい」というように複数のツールから選ぶことができるようにします。同様に、質問がある際にも、「音声やチャットで随時質問してもいいし、質疑応答の時間を設けるのでその時まで待ってもいい」などと、複数の方法を提示します。

　なぜ、こうした方法をとることが重要なのでしょうか。
　理由として次の３点が考えられます。

理由１　選択肢を提示することでリアクションへの抵抗感を減らす

　まず考慮したいのは、「**どのタイミングでどのツールだと抵抗が少ないか**」は、**人によって異なる**という点です。
　たとえば、「チャットは打つのに時間がかかるから音声のほうが気が楽だ」と感じる人もいれば、「チャットのほうが気楽に書き込みができて良い」と感じる人もいます。また、「画面に書き込みをするなど匿名性のあるツールのほうがより気楽だ」と思う人もいるでしょうし、「できれば講師と直接対話をしたいから音声が良い」という人もいるかもしれません。

このように、その場面で何を使いたいと思うかが異なるため、ツールを
ひとつに限定しないことで、発言や質問といったリアクションすることへ
の抵抗感を軽減します。

理由２　テクノロジーの問題による不快感を減らす

　もうひとつは、テクノロジーの観点からです。
　声を出して発言する場合、周囲の音を拾ってしまうことになります。た
とえば、「どうしてもその日は周りに家族がいる状況で研修に参加しなく
てはならず、できればずっとミュートにして参加したい」という事情の人
もいるかもしれません。そんな時に、リアクションの方法を音声のみと限
定してしまったら、その参加者にとっては大きなストレスになってしまう
かもしれません。また、雑音が入ることでほかの参加者の集中を妨げるリ
スクも大きくなります。
　研修にはできるだけ静かな環境から参加するよう配慮してもらっていた
としても、何が起きるかわからないのが現実です。たとえば、発言が必要
な瞬間に宅配便が来たり、犬が吠えていたりするようなことも起こり得る
のです。
　こうした状況の場合、直接発言するのではなくチャットで参加できるほ
うが、本人にとっても気楽ですし、ほかの参加者への雑音という観点から
も良いでしょう。

　ネットワーク環境や使っているデバイスによっても、使い心地の良いツ
ールが違ってくることがあります。たとえば、ふだんはパソコンから参加
するけれど、今日はパソコンの調子が悪いからタブレットで参加するとい
うようなケースもあるかもしれません。そうした場合、「パソコンだと入
力に慣れているけど、タブレットでは入力しづらいからできれば音声でリ
アクションしたい」と思う人もいるかもしれません。

　ツールを複数提示することで、その人にとってもっとも快適な方法での

参画を促すことができます。**できるだけストレスをなくし、快適な場にすることが安心・安全な場づくりへの大きな一歩**です。

理由3　参加者の主体性を引き出す

　研修が終了すると参加者は職場に戻ります。ほとんどの場合、そこには研修を担当した講師はもういません。助けてくれる講師はいませんので、参加者は自力で研修での学びを実践していかなければならないのです。

　また、「実践しなさい」などと強制されることもありませんので、「実践しよう」という気持ちを持続させ、主体性をもって行動してもらう必要があるのです。

　研修後にこのような状態をつくりたければ、研修中から参加者には主体性を発揮してもらったほうが良いでしょう。

　ですが、よく見る研修の光景は少し違っているかもしれません。

「○○をしましょう、○○をしてください」
「この順序でお願いします」
「この通りやってみてください」
「指示があるまで開かないでください」
「○○さんは○番をやってください」
「目標は○○です。がんばりましょう」

　このように、講師から参加者への指示の嵐になっていないでしょうか。

　研修中に人から指図を受ける状態が続くと、参加者は受け身の姿勢で学ぶことになってしまいます。研修中は受け身の姿勢を求め、研修終了と同時に主体的に学びを実践してもらうことを期待するというのは矛盾しています。

そこで参加者には、研修中から主体的に学んでもらい、研修後もそれを持続できるように導きます。そのためには、参加者は自分の学習プロセスについて選択肢や決定権をもっていることが大切なのです。

参加者ができることを講師は行わない

　そういう意味でも、参加者ができることを、講師は行わないことが大切です。
　たとえば、次のようなことはすべて参加者にやってもらいます。

◎参加者にやってもらうこと（講師は行わないこと）

- **使うツールを選ぶ**
  - （例）「音声でもホワイトボードにコメントを書き込んでも、どちらでもOKです」など、複数から選べるようにする

- **役割を選ぶ**
  - （例）「リーダー」「タイムキーパー」「書記」などの役割は、固定せずランダムにローテーションする

- **取り組む課題、取り組む順序を選ぶ**
  - （例）ロールプレイ、ケーススタディ、演習問題などは複数用意し、どれに取り組むのか、どんな順序で取り組むのかを決めてもらう

- **発表する方法を選ぶ**
  - （例）「必ずホワイトボードにサマリーを書いて、画面共有してください」などと指定してしまうと、何らかの理由でホワイトボードがスムーズに使えなかった場合、それを解決することに終始してしまい、肝心のディスカッションができずに終わってしまったりすることがある。「ホワイトボードでも口頭での発表でもどちらでもやりやすいほうで良い」などと伝える

- **発表する順番を選ぶ**
  - （例）講師が発表の順番を指定するのではなく、参加者に主体的に決めてもらう
  - （例）「最初に発表してくれるチームは？」と問いかけた後、なかなか手が挙がらない場合は、「考えたことをほかのチームに言われる前に言ったほうが楽ですよ」などと促す

- **研修後に実践することを自分で考えて決める**
  - （例）「どの部分を、いつ、どこで活用するか」を参加者自身に決めてもらう

全員を巻き込む

すべての参加者に主体的に関わってもらう

　安心安全な場づくりをする目的は、参加者に研修に主体的に関わってもらうことです。主体的に学ぶことで、学びを仕事に活用してもらうことを目指しています。

　そうした場にするためには、一部の人だけが積極的だったり、仕切ったりするのではなく、**参加者全員が平等に学びのプロセスに関わっている状況をつくる**ことが重要です。

　講師と参加者1人ひとりの1対1の対話によって成り立たせるのではなく、また、一部の人だけが積極的にチャットにコメントを書き、ほかの人は傍観しているという状態でもなく、全員を巻き込むことが大切なのです。

　それには、**参加者全員の参画が大切であり、参加者1人ひとりが大切な存在だと感じてもらえるようにする**のです。リーダーシップを発揮しているように見える一部の人だけが重要な存在で、あまり発言しない人は、存在価値が低いということではありません。

　全員を巻き込む工夫として、オンライン研修において特に注意したいことが2点あります。

徐々に巻き込む

　オンライン研修の場合、どうしても場が温まるのが対面での研修より遅いと感じる講師の方が多いようです。それを何とかしようとして、研修スタート時から無理やり盛り上げようとする場面を見かけることがありますが、これはむしろ逆効果です。

対面での研修の場合、講師と直接あいさつをしたり、周りの参加者とも
あいさつをしたり、お互いの様子が見えたりします。それでもやはり場を
温め、発言を引き出し、自己開示してもらうには工夫が必要なのです。

　オンラインでは、あいさつなどほかの人との直接のコミュニケーション
がほとんどありません。もし、あったとしても画面上の小さな枠に映る姿
だけでしか行われません。警戒心を抱いたり、しばらく様子を見る姿勢が
あったりしても当然です。

「It's not about you, it's about them」（2-1参照）。

　講師側の都合ではなく、参加者の立場を考慮し、無理をせず徐々に巻き
込むようデザインしましょう。
　ポイントは2つです。

POINT!

◎徐々に巻き込むデザインのポイント

●匿名性のあるツールから使う

匿名性のあるツールが使えるのは、オンライン研修のメリット。

音声やチャットは誰の発言かがわかるし、チャットは記録にも残るが、アンケートや投票機能、画面やホワイトボードにスタンプを押したり文字を書き込んだりする方法は匿名性がある。つまり、誰の発言かがわからないように行うことができる（ただし設定を変更したりする必要がある場合もあるので、それぞれのプラットフォームのマニュアルを確認すること）。

また、Miroなどオンライン上のホワイトボードでも、対面で付せんに書いてホワイトボードに貼るような感覚で、無記名でコメントを書くことができる。リアクションや発言が、誰のものかわからない状態でできるのは、発言に対する心理的ハードルを下げる。特に研修スタート時はこうしたツールをうまく使って、まずはリアクションを示すことに慣れてもらう。

●すぐに自己開示を求めない

リアクションを求める際、いきなり自己開示を求めるのではなく、安心・安全な場づくりができてからにする。

研修スタートの時に参加者全員に1人ずつ自己紹介を求めるのではなく、「正しいのはAかBか」「学びたいのはAかBかCか」など、予備知識を使って答えを推測してもらったり、ニーズを把握したりするような問いかけで始める。

徐々に自己開示してもらうが、その際も、最初は匿名性のあるツールを使って情報を出してもらうようにする。カメラをオンにして自己紹介を求めるのは場が温まってから、しかも全員ではなく、少人数のグループからスタートする。

研修の冒頭で自己開示を求めずに参画を促す手法として、たとえば次のようなものが考えられます。

◎研修冒頭の自己開示を求めない参画例

＊アンケートやスタンプなど匿名性のあるツールで回答してもらう

- 研修テーマにまつわるクイズ
- 研修テーマに関する事例共有の中で、話の展開を予測してもらう
- 研修で紹介する数字・データを予測してもらう
- よくある課題を提示し、参加者自身にとっても課題であるものを選んでもらう
- アジェンダを提示し、興味があるトピックを選んでもらう
- 研修テーマにまつわる経験年数など参加者属性がわかる質問に答えてもらう

全員を巻き込むリーダー決めの手法

　ブレイクアウトルームなど少人数のグループに分かれてディスカッションやアクティビティを行う際、参加者が移動する前にリーダーを決めておくことはとても重要です。

　対面での集合研修でも、**必ずリーダーはランダムに決め、固定せずに運営します**。自分たちで決めてもらうと、一部の人がずっとリーダーをする事態にもなりやすいので、「誕生日が今日に近い人」「一番最近外食した人」など、講師はそれが誰なのかわからないような指定の仕方でリーダーを毎回決めます。

　対面での研修の場合、決め忘れたとしても、ディスカッションやアクティビティ開始後に気づき、「リーダーを決め忘れました！　今回は今朝、一番早く起きた人にお願いします！」などと途中で声をかけることができます。しかし、オンラインの場合、そんなに簡単にはいきません。すべてのブレイクアウトルームにメッセージを送ったとしても、見てもらえない

かもしれません。かと言って、講師が各グループの元に直接伝えに行くのは時間がかかりすぎます。

ですので、参加者を送り出す前に「このディスカッションでのリーダーは……」と忘れずに伝えるようにします。

また、オンライン研修では「お見合い」が起きやすいようです。
「お見合い」とはグループに分かれた後、誰が発言するのかみんながお互いに様子をうかがってなかなか発言が進まない状況です。これは、日本文化における「空気を読む」という特徴に起因するのかもしれません。
対面での集合研修でも、リーダーを決めていないと、誰から発言するか、場の空気を読もうとする人が多いようですが、オンラインでは、そもそも同じ空間にいないため、空気を読むことがとても難しくなります。そのため、誰も何も話さないまま緊張感のある時間だけが流れる——という事態に陥りかねないのです。

各グループでスムーズな発言ができるよう、リーダーを決めてから送り出すようにしましょう。

POINT!

◎リーダーの決め方の例
- 今日一番早く・遅く起きた人
- 一番最近〇〇した人（自転車に乗った、洋服を買った、髪を切ったなど）
- 〇〇した回数が一番多い人（オンライン研修、転職、引っ越しなど）
- 住んでいる場所が一番〇〇な人（東京駅から遠い、階数が上など）

POINT!

◎お見合いを防ぎ、全員が平等に学びのプロセスに関わっている状況
をつくる工夫

● **話す前に個人で考える時間をとる**
（例）学習スタイル（3-6参照）の差を考慮し、ディスカッションや
　　　グループワークの前に、個人で考えをまとめる時間（考えた内
　　　容を付せんに書き出すなど）をとる

● **リーダーを決める**
（例）リーダーは固定せず常に交代させる

● **発言を制限する**
（例）「1人30秒」「1人ひとつずつ」など、発言時間、発言量を制
　　　限する

● **道具を使う**
（例）事前にトランプを1枚ずつ送付しておき「ハートの人から発言
　　　する」、サイコロを送付しておき「出た目が大きい人から話す」
　　　など

3-6

学習スタイル

　対面での研修でも、オンラインでの研修でも、効果的な学習をデザインするためには、「この研修の参加者はどういう人なのか」を知ることが欠かせません。これは、参加者主体の研修を考えるうえで、とても重要な視点です。

　ここでは特に、学習スタイルの違いについてとりあげます。学習スタイルは、参加者1人ひとり異なることはもちろん、講師自身も自分のスタイルをもっています。こうしたスタイルの違いを理解することが、学習効果を高めるうえで重要な役割をはたすのです。

本項の
Key word

「**具体的タイプ**」
「**大枠タイプ**」
「**情報タイプ**」
「**実践タイプ**」
「**参画タイプ**」
「**考察タイプ**」

学習スタイルの違いを考慮する

学習スタイルとは

　人には学び方に違いがあります。これは良し悪しではなく、好みの違いです。

　たとえば、著者（中村）は自分の仕事にすぐ役に立つことを学ぶことに対してモチベーションが高まります（実践タイプ）。一方で、仕事に役立つかどうかということより、「知らなかったこと、新しいことを学ぶこと自体が楽しい」と感じる人もいます。夫は後者、情報タイプです。情報タイプの夫は、博物館に行くのが大好きで、海外に旅行に行くと必ず博物館に行きたがります。一方で実践タイプの私（中村）は、正直なところ博物館にはあまり魅力を感じません。博物館には私の人生にすぐ役立つ情報はあまり多くないからです。また、情報タイプの夫は、博物館に行くと、書かれている説明をていねいに１つずつ読もうとします。一方で私は、全体を見てすぐに出ようとします。

　このような違いは、「学習スタイル」の差にあるのです。

　以下では、Personal Leaning Insights Profileという学習スタイルの分類方法を紹介します。次の３つの観点からスタイルを分類します。

POINT!

◎学習スタイルの分類

①情報の構築──具体的タイプ、大枠タイプ

②何を学ぶか──情報タイプ、実践タイプ

③学習プロセス──参画タイプ、考察タイプ

学習スタイルの分類①　情報の構築

「具体的タイプ」「大枠タイプ」

まずは情報の構築についてです。

何か新しいことを学ぶ際に、その情報がどのように構築されているのが好きかという点に関して、「**具体的タイプ**」と「**大枠タイプ**」があります。

具体的タイプ	・情報が系統立って構成されているほうが受け取りやすい ・ロジックツリーのように整理・分類されていて、どういう順序でどう進んでいくかが見える形になっているほうが安心して学べる
大枠タイプ	・ざっくりと全体像をつかんで、自分の必要な情報を好きなようにアレンジするのを好む ・細かく順序立てて指示されると窮屈に感じる

POINT!

◎「具体的タイプ」と「大枠タイプ」の違い

- 研修内容（アジェンダ）を紹介する際、具体的タイプの人には細かく提示し、今どこなのかを常にわかるようにしておくと安心につながる。大枠タイプの人はアジェンダが細かすぎると窮屈に感じたり、提示されても気にしていなかったりする
- アクティビティの指示を出す時に、具体的タイプの人は、進め方、時間配分、順序、役割分担、求めるアウトプットなど、細かい指示があったほうがスムーズに動いてくれる。一方で大枠タイプの人は細かい指示は窮屈に感じたり、指示とは異なる方法で進めたり、意外なアウトプットが出てきたりする

オンライン研修でのタイプの違い

　オンライン研修では講師からの情報伝達が言語に頼る割合が大きくなります。ジェスチャーなど言語以外の伝達量が減ること、そして、その場でホワイトボードに書いて補足することがしにくいことから、音声での説明に頼りがちです。

　音声の場合は、対面での集合研修の時よりも、やや詳しく説明することでそのギャップを補います。ただ、音声だけより、文字化したほうがいいですし、さらにはビジュアルを伴ったほうがより伝わりやすくなります。
　たとえば、ディスカッションの内容やアクティビティの進め方を、音声で説明するだけではなく、スライドに書いて示すことで補えます。

　とはいえ、すべて細かく指示すると大枠タイプの人には窮屈に感じるかもしれません。そこで、前述のようにツールに選択肢を設け、自由に選べるようにしたりするなど、選択の自由を忘れないようにします。
　さらには、休憩時間に任意参加のアクティビティを行うのもいいでしょう。たとえば、外部アプリを使った教育ゲームアプリの体験会など、参加したい人だけが参加するようなアクティビティを用意しておくこともお勧めです。

POINT!

◎ 「大枠タイプ」「具体的タイプ」の違いの対策
- 自分のタイプを認識し、自分のタイプに寄りすぎないようにする
- 常に中間でバランスを保つ。ただし、オンライン研修の場合、対面での研修よりやや「具体的」寄りにすることを心がける

学習スタイルの分類② 何を学ぶか

「情報タイプ」「実践タイプ」

何を学ぶかという点について、「**情報タイプ**」と「**実践タイプ**」の２つに分類できます。

情報タイプ	・新しい情報を得ること自体が楽しいと感じる ・自分が知らないことを知る、ということに楽しみがある
実践タイプ	・自分に役立つこと、すぐに活用できることを学びたい気持ちが強い

POINT!

◎「情報タイプ」と「実践タイプ」の違い

●情報タイプの人は経験談、エピソード、裏話などにも興味を示すが、実践タイプの人はそうした話が多すぎると無駄だと感じる

オンライン研修でのタイプの違い

オンライン研修では、対面での集合研修よりも、さらに効率を高めて短時間に凝縮してデザインすることが多くなります。つまり、実践的な内容に、より絞り込むのです。

ということは、情報タイプのニーズを満たすには、別の方法で情報提供をすることが必要になります。

また、オンライン研修は対面より短時間のデザインになることも多いた

め、「あれもこれも伝えよう」という意識にならないよう注意が必要です。

内容には以下の3段階で優先順位をつけます。

◎研修内容の優先順位

重要項目	目的を達成するために必須の内容
補足	知っておく、もっておくと役立つこともあるかもしれない内容
参考資料	さらに知りたい・学びたい人のための参考図書、文献、ウェブサイトなどの情報リスト

オンライン研修では、重要項目に絞って進行しますが、補足や参考資料を手厚くし、情報タイプのニーズにも応えます。

POINT!

◎「情報タイプ」「実践タイプ」の違いへの対策
- 研修は限られた時間の中で行うので、実践的な内容に焦点を当てざるを得ないけれども、時には情報タイプの好奇心を刺激できるような場面も必要
- 補足情報などをワークブックには掲載しておき、読みたい人は読めるようにしておく
- 参考図書、参考情報、参考サイトなど、さらに知りたい人はどこにアクセスすれば良いかを提示する

学習スタイルの分類③　学習プロセス

「参画タイプ」「考察タイプ」

学習プロセスに関しては、「**参画タイプ**」と「**考察タイプ**」があります。

参画タイプ	・人との関わりの中で学ぶことを好む ・対話の中で頭の整理ができたり、アイデアが浮かんだり、腑に落ちたりすることが多い
考察タイプ	・受け取った情報をいったん自分1人で考える時間を必要とする ・ディスカッションなどを行う前に、まずは静かに自分の中で整理する時間を要する

POINT!

◎「参画タイプ」と「考察タイプ」の違い

● 考察タイプの人は考える時間を必要とするため、すぐに発言やリアクションをしない傾向がある。その間に、参画タイプの人がどんどん発言をして話が進んでいくと、考察タイプの参加者は「発言が少ない＝積極的ではない」という印象をもたれてしまったり、参加者自身がストレスを感じてしまったりする可能性がある

● 参画タイプの人にとっては、講師の一方的な講義を聞き続けることはストレスで、知識の整理ができず、思考を発展させることができないこともある

● 参画タイプの人が多い時は、「盛り上がる」けれども、考察タイプの人が多い時は静かでリアクションがないように感じることもある

オンラインにおけるタイプの違い

　オンライン研修であっても、**考察タイプのために個人で考える時間、個人ワークの時間は必須**です。少人数グループに分かれてディスカッションなどを行う場合、分かれる前に個人で考えをまとめたり、書き出す時間を設けたりしてから参加者を送り出します。また、ニーズによっては、ブレイクアウトルームを個人で設定するのもいいでしょう。個人のブレイクアウトルームに講師が移動することで、個別の1対1の対話が可能になります。

　参画タイプへの対応としては、「チャットにいつでもコメントを書き込んでいい」など、発言したい時に、発言したい人が、自由に発言できる場をつくっておくことも大切です。

POINT!

◎「参画タイプ」「考察タイプ」の違いへの対応
- 個人で考え、書き出す時間を設けた後に、チャットにコメントをしたり、少人数のグループでディスカッションをするのを基本の流れとする
- 個人、ペア、グループ、と、コミュニケーションをするグループの人数を変えて運営する。常にペアだと1人で考える時間が少なくなったり、考察タイプにはストレスがかかったりする（グループのディスカッションだと、ほかの人が話している間に考えることが可能）。一方、参画タイプの人は常にグループだと話す機会が少なくなるので、ペアワークも織り交ぜる

3-7

記憶のメカニズム

　研修の最終的なゴールは、学んだことを職場で実践し、成果を生み出すことにあります。しかし当然のこととして、理解していないことは実践できませんし、記憶にすら残っていなければ成果につながるわけがありません。これは、オンラインでも対面でも変わらない現実です。

　特にオンライン研修において、参加者が学んだ内容を記憶に定着しやすくするために、講師はどのようなことができるのでしょうか。以下で具体的に検討していきましょう。

**本項の
Key word**

「記憶のメカニズム」
「最初」
「最後」
「かたまり」
「関連づける」
「書く」
「リビジット6回」
「変わったもの」

記憶のメカニズム

「記憶」に関する７つのコンセプト

　研修の目的は、ビジネスの現場で実践し、成果をあげることですが、そもそも記憶に残らなければ、実践することも、ましてや成果をあげることも難しいでしょう。オンライン研修では講師は同じ空間にいません。目の前にあるのは、パソコンやスマートフォンという「内職」の誘惑。何か別のことをしながら研修を聞き流し、わかった気になって終了した場合、はたしてどれだけ記憶に残っているでしょうか。何も記憶に残っていなければ、仕事への活用はできません。

　以下では、記憶へ定着させるための、７つのポイントについて考えていきます。

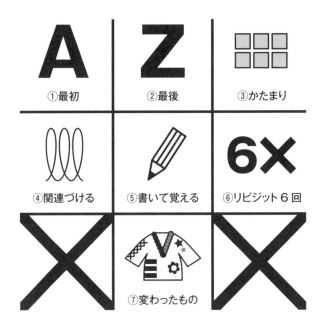

ポイント①　最初

　人は最初に触れた情報を一番よく覚えています。研修で言うと**オープニ**
ングです。

　研修のオープニング、その最初に講師が何を言うか、何をするかが参加
者の記憶に残るのです。

　ですから、事務連絡や講師の自己紹介などで始めることはやめましょう。

　効果的なオープニングについては、3-8、3-9で紹介します。

ポイント②　最後

　人は最後に触れた情報を2番目によく覚えています。研修では**クロージ**
ングです。

　研修の最後の最後に講師が何を言うのか、何をするのかも参加者の記憶
に残ります。ですので、アンケートや事務連絡で終了したりせず、インパ
クトのあるメッセージで終了しましょう。

　効果的なクロージングについても、3-8、3-9で紹介します。

ポイント③　かたまり

　一度に吸収できる情報量には限界があります。

「マジカルナンバー7」と言われるように、**人間が一度に記憶できるの**
は、「7±2」の情報です。

　たとえば、無意味な数字の連続はとても覚えにくいものです。14桁と
なると到底覚えきれません。ですが、5桁、5桁、4桁というように区切
られていると覚えやすくなります。クレジットカードの番号などをイメー
ジしていただくと、実感がわくのではないでしょうか。

　この「7±2」の法則を用いて、一度に提供する情報は、最大9つまで
とします。それ以上になる場合には、いったんやめて、参加者が吸収する
時間をとってから続けるように分割します。

具体的にコンテンツを設計する際は、20分という単位で研修をデザインしていきますが、20分の単位の中に重要な事柄として持ち帰ってもらう情報を9つ以内にします。

　たとえば、クレーム対応の際に注意するポイントが14点あるとしましょう。その14点を30分かけて解説してからスキルの練習を行うのでは、9つを超えたポイントは記憶されていない可能性が高まるでしょう。

　そうではなく、たとえば最初の20分では7つの解説と練習に留め、次の20分で後半の7つのとりあげるといったイメージです。

◎かたまりで覚える（例）

＊注意するポイントが14個ある場合

・30分かけて14個すべてを解説してからスキルの練習を行う

・最初の20分で7個の解説と練習、次の20分で残りの7個の解説と練習を行う
＊20分という単位で研修をデザインする
＊20分という単位に入れる重要な情報は9つ以内とする

ポイント④　関連づける

　脈絡のない情報をただやみくもに覚えるより、関連づけられた情報のほうが覚えやすいものです。参加者がすでにもっている知識と関連づけて理解できるよう工夫しましょう。

　たとえば、「日本にある都道府県を50音順に言ってみましょう」と言われたら、すらすらと出てくるでしょうか。愛知、青森、秋田、茨城……とすらすら言える方は少ないかもしれません。では、何も書かれていない地

図を目の前において、都道府県を北から順番に言っていくというのであれば、どうでしょうか。おそらく、地図を目の前に置いて、場所と関連づけながらのほうが言いやすいのではないでしょうか。

　このように、**すでにもっている知識とどのようにつながるか、関連づけが明確になると記憶に定着しやすくなる**のです。これまでに学んだこととの関連性、自分の業務との関連性などを考えてもらい、落とし込んでもらいます。

　また、歴史の年号を覚えた時のように、語呂合わせなどで一見バラバラに見える情報を覚えやすくするのも効果的でしょう。

ポイント⑤　書いて覚える

　読んだり聞いたりした情報よりも、自分で手書きをした情報のほうが記憶に残ります。

　研修で配付するテキストは、キーワードを空欄にしておいて、穴埋めをしてもらったり、重要な点や自分なりのまとめや活用法を書き出してもらったりするなど、書く動作を組み込めるようにデザインします。

　オンライン研修では、資料を紙で配付するのではなく、データで配信することが多いようです。ペーパーレスという時代の流れもあり、データでの提供が加速するかもしれません。ですが、**データではなく、紙で、きちんとした体裁のものを事前に届けるのが理想**です。

　文字やイラスト、図などを手で書くことに意味があるため、手元に配付資料があり、そこに書き込むということになります。

　配付資料について、もう少し検討します。

　使われているビジュアル、レイアウト、紙質、色、体裁……。配付資料の質も、受け取った時の印象を大きく左右します。びっしりと細かい文字だけが書かれている白黒の資料がホチキス止めされているだけの資料と、フルカラーで上質な紙に印刷され、製本されているものとでは、当然印象は異なり、研修へのモチベーションにも影響を与えます。

　◎配付資料について考慮すること
　　●ビジュアル、レイアウト
　　●色
　　●紙質、製本方法　　など

◎配布資料例1（手書きをしてもらうスペースをつくる）

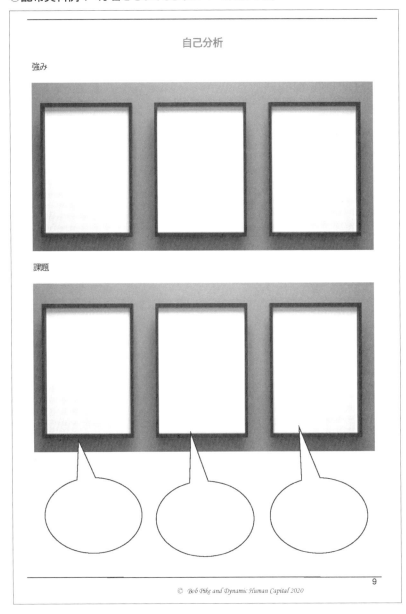

◎配布資料例２（キーワードは参加者に書き込んでもらう）

オンラインファシリテーションのポイント

_____ がすべて！！

対面でもオンラインでも共通ですが、目的の設定、デザイン、資料などの作成、進め方についての計画など、とにかく事前準備が大切です。

1. _____ 構築

   オンラインの場合、画面越しの存在なため、距離感があるのは否めません。最初から自己開示を求めたりせず、匿名性のある方法でのコミュニケーションから始め、まずは意思表示することに慣れてもらいます。そして徐々に考えや意見を述べてもらったり、自己開示を求めたりします。

2. 発言へのハードルがより_____

   挙手して発言するのは、対面でもハードルが高いものですが、オンラインではそのハードルがより高くなると感じる人が多いものです。

   ツールに「_____」を

   チャット、ホワイトボードへの書き込み、音声、挙手ボタン、などオンライン上のツールを様々活用し、発言しやすい方法で発言することを促します。

場づくり

J _____

O _____

M _____

216

とはいえ、現実的には難しく、データ配信になることも多いでしょう。ではデータ配信の場合にはどんな工夫が必要でしょうか。

記憶への定着を考えると、配信したものに手書きをしてもらいたいものです。そうすると、受け取ったデータをそれぞれの参加者にプリントアウトしてもらうことが前提となります。

参加者は自宅から参加することも多いでしょう。そうすると、「**自宅で大量の資料をプリントアウトできるのか？**」という点を考慮する必要があります。

そこで、プリントアウトしやすい枚数に制限する、あるいは、参照するページ（読むだけのページ）と、プリントアウトして使いたいページを分けておくという工夫もできるでしょう。

具体的には、「空欄にキーワードを書き込んだり、アクションプランを記入したり、ワークシートとして使いたいページなど、書くことが必須となるページだけはプリントアウトしてもらい、それ以外の参照ページはデータのままでも可」といった使い分けもできるでしょう。

POINT!

◎配付資料をデータ配信する場合の注意点
- 分量は適切か（自宅で無理なくプリントアウトできる範囲か）
- 「書くことが必須のページ」のみプリントアウトしてもらう方法はとれないか（例：アクションプランの記入、ワークシートなど）

ポイント⑥　リビジット6回

　これは同期・非同期をプロセスとしてデザインし、研修後の30日間に「6回リビジット」をすることで、長期記憶への定着をサポートするという考え方です。

　ただ、研修中にリビジットをすることに意味がないということではありません。研修中にも、大事な点、記憶に留めて欲しいポイントは、一度ではなく何度かくり返しましょう。くり返すことは記憶への定着をサポートします。

　とはいえ、同じ情報を同じ言葉で講師が何度もくり返すのは、あまり意味がありません。方法を変えて同じ情報に触れるようにするのです。

　たとえば以下のような方法がお勧めです。

POINT!

◎効果的なくり返し方（例）
- ●講師からの説明の後に確認クイズがある
- ●講師からの説明の前に予測クイズがある
- ●参加者が理解したことを参加者の言葉で表現して誰かに伝える
- ●研修内容をリフレクションし、要点をまとめる
- ●学んだ内容を活用して課題に取り組む

　では研修後のリビジットはどうでしょうか。

　こちらは2-4でご説明した「同期・非同期」を参考に検討していきます。つまり、研修（同期）が終了したら終わりなのではなく、研修後（非同期）でどうリビジットをしてもらうかをデザインしておくのです。

たとえば以下のように、徐々に発展させ、行動として定着するサポートをします。

POINT!

◎研修後のリビジット（例）

● 研修終了直後
・理解度確認クイズに回答する
・アクションプランを提出する

● 1週間以内
・アクションプランについて上司と面談する
・学びを深めたり、アイデアを広げたりするために動画で学習したり参考図書を読んだりする

● 2週間以内
・アクションプランに書いた内容を実践する

● 3週間以内
・実践した結果を振り返り、同じ研修に参加した人や上司に共有する

● 1カ月後
・ここまでの学びを振り返り、長期的な視野でアクションプランを立てる

ポイント⑦　変わったもの

ふだんの生活の中でも、抜きん出ていてユニークなものや奇抜なものは記憶に残りやすいものです。つまり、**意外性のあるものは記憶に残りやすい**のです。

何かデータを聞いた際、「え？　そんなに少ないの？」と驚いたとしたら、その数字は時間が経っても覚えている可能性が高まります。また、聞いている人がハラハラするような展開の体験談も印象に残るでしょう。

　たとえば覚えておいてもらいたい重要なポイントを解説する際、根拠となる意外性のある数字を紹介したり、エピソードや体験談に意外な展開が含まれているものを選んだりするといった活用方法が考えられます。

POINT!

◎意外性のあるもの（例）

- ●意外性のある数字
- ●ハラハラするような展開の体験談、エピソード
- ●インパクトのあるビジュアル　など

ジェスチャーが記憶をサポートする

　最後に、特にオンライン研修でお勧めの、記憶への定着をサポートする方法をもうひとつ紹介します。
　それは、**ジェスチャーでキーワードを覚える方法**です。
　人は何かを記憶する際に、言語だけで記憶するよりビジュアルを伴ったほうが覚えやすいし、思い出しやすいというのは前述の通りです。さらに、**ジェスチャー（体の動き）を伴うことも、記憶への大きなサポートとなります。**

　たとえば、安全確認として指差し確認を行う様子を見たことがある方は多いでしょう。あれは、確認するポイントを1つずつ指で差すことです。ポイントがもれるのを防ぐ効果があります。また、ラジオ体操など何度もくり返し行ったことは、音楽を聴くと体が自然と動くことがあります。体

が動きを覚えているのです。

　こうしたメカニズムを活用し、覚えて欲しいキーワードにジェスチャーをつけ、キーワードを声に出しながら、参加者と一緒にジェスチャーをくり返します。

　オンライン研修では、**この場面では参加者にカメラをオンにしてもらい、一緒にジェスチャーをする**のも楽しいでしょう。物理的に同じ空間にはいませんが、共通の動作を同時に行うことで一体感が生まれたりするものです。

3-8

アクティビティをデザインする
──CORE：クロージング・オープニング・リビジット・エナジャイザー

　　ここまでのページでは、インストラクショナルデザインに
おいて重要な7つの基本コンセプトを見てきました。これま
でに紹介した考え方・アイデアを、具体的に研修の中で行っ
ていく際に役に立つのが「アクティビティ」です。アクティ
ビティを通して、参加者を巻き込み、主体的に学ぶ場をつく
り上げていくことができるのです。

　　それでは、アクティビティはどのように考えてデザインし
ていけば良いでしょうか。以下では、CORE（クロージン
グ、オープニング、リビジット、エナジャイザー）の4つに
分けて検討していきます。

**本項の
Key word**

「アクティビティ」
「CORE」
「クロージング」
「オープニング」
「リビジット」
「エナジャイザー」

アクティビティで参加者の主体性を引き出す

主体的な学びを促進する具体的な方法＝アクティビティ

　研修は知識を習得することが目的ではなく、学んだことを仕事で活用し、成果を出すことが目的であるというのは、これまでにくり返しお伝えしたことです。

　そのために**研修は、「講師の話を聞く」という受け身な姿勢で学ぶのではなく、参加者に主体的に学んでもらう場であることが大切**です。つまり、主体的に学んでもらうことで、大事なことは記憶に定着し、何をどう実践するかを自分事として捉えている状態をつくることが講師に求められるのです。

　そうした学びを実現するために、この章では、「90/20/4の法則」や、「CSR」「EAT」といった考え方、コンセプトを取り入れて研修をデザインしていくことの大切さを解説してきました。

　ここまでにも、たとえば、参加者が退屈したり集中が途切れたりしないための４分ごとに巻き込む方法や、参加者のリアクションを促す方法について、30秒や１分程度でできる手法を数多く紹介してきました。

　この項目では、こうした参加者を巻き込む手法を、研修の場面ごとに整理して検討していきたいと思います。

　なお、参加者主体の研修では、**「主体的な学びを促進するための具体的な方法」**を総称して**「アクティビティ」**と呼んでいます。「研修ゲーム」や「ワークショップ」「グループワーク」「ワーク」などと呼ばれるものを含んだ言葉だと考えてください。

研修のCOREとなる4種類のアクティビティ

　この項目では、研修の重要な要素となるオープニングとクロージング、リビジット（参加者自身に学習を振り返ってもらうこと）に加えて、眠気を覚まし、頭や体をリフレッシュするアクティビティであるエナジャイザーについて検討していくことになります。

　参加者主体の研修では、これら4つ（クロージング（C）、オープニング（O）、リビジット（R）、エナジャイザー（E））は研修をデザインするうえでの核（CORE）となる大切なアクティビティだと位置づけています。

◎研修のCOREとなるアクティビティ

オープニング	研修への興味・集中を高めてもらったり、安心して学べる学習環境をつくったりするためのアクティビティ
クロージング	研修で学んだ内容についての振り返りを行い、今後の実践に向けて整理したり、アクションプランを立てたりするアクティビティ
リビジット	学んだ内容を記憶に留めることを手助けするアクティビティ（短時間で行うリビジットは20分に一度取り入れる）
エナジャイザー	脳を活性化させるアクティビティ

　まず、「最初」と「最後」は記憶に残りやすいので、研修の**オープニング**と**クロージング**はとても大切な時間であることは3-7で述べました。

　また、長期記憶への定着をサポートするために、**リビジット**が大切であることについては、3-2、3-3で解説した通りです。

　エナジャイザーは、エネルギーという言葉から派生した言葉で、「活性化するもの」という意味をもちます。体を動かしたり、頭を使ったりすることでリフレッシュするアクティビティです。なお、COREの中で、エナジャイザーだけは、研修の内容に関係がないものも可としていて、眠くなるような時間帯、疲れてくる頃に、立ち上がってストレッチをするなどのことを行います。

これら４種類のアクティビティを研修デザインに組み入れることで、参加者を巻き込み、主体性を引き出し、オンラインにおける学習効果を飛躍的に高めることができます。

では、具体的にどのようなポイントを考慮してデザインに組み入れていくことができるのでしょうか。以下では、「オープニング」「クロージング」「リビジット」「エナジャイザー」の順に検討していきましょう。

Column

「アクティビティ」で感情をゆさぶることの効果

参加者手法の研修において「アクティビティ」を推奨する理由に、「感情をゆさぶる出来事は、平凡な出来事よりも記憶に残りやすい」という事実があります（『ブレイン・ルール』ジョン・メディナ著、NHK出版刊、P105）。さらに、「ネガティブな感情より、ポジティブな感情と結びついた情報のほうが長期記憶に定着しやすい」という脳科学の考え方も効果的なアクティビティを考えるうえでのヒントとなります。

まず、「平凡な講義」は忘れられる可能性が高いというのは、2-2で紹介したエビングハウスの忘却曲線の通りです。一方、参加者が主体的に学びに関われるようなアクティビティを取り入れることができれば、参加者はアクティビティを通して意義ある体験をすることができます。体験を通して学びや気づきを得るかもしれませんし、「楽しい」「思った通りには進まなくて焦ったけれど最後はできて良かった」など、さまざまな感情が生じます。こうして感情が動くことで、学びはより印象的なものとなり、記憶に残りやすくなるのです。

アクティビティを効果的に活用することで、講師のデリバリー・スキル（聞き手を感動させたり、気持ちをゆさぶったりするような話をする力）に依存することなく、意義ある学びを実現しやすくなるのです。

オープニングのアクティビティ

オープニングにはもっとも重要なメッセージを

　研修冒頭でよく見かける光景は、事務連絡です。対面での集合研修の場合は、昼休みの時間や場所、終了時刻などの確認、お手洗いや喫煙場所、携帯電話についてなど参加マナーについてアナウンスがあり、そして講師のプロフィール紹介などが続きます。オンラインの場合は、参加マナーが「音声はミュートにする」などに変わり、その後、ツールの使い方のオリエンテーションを行うケースが多いようです。

　ですが、3-7で見たように、研修の「最初」と「最後」は記憶に残りやすい貴重なスポットです。そのため、その日の研修で伝えたい大切なメッセージで始めます。

オープニングはポジティブなデザインとする

　また、**オープニングでは、研修についてポジティブな印象をもってもらうことも重要**です。
　時折、冒頭に、上司からの「叱咤激励という名のダメ出し」があったり、難易度の高い課題に取り組んでわざと失敗させたりするようなデザインを見ることもありますが、これらはあまり効果的とは言えません。
　これらは「学ぶ必要性」を感じてもらうことを目的とした工夫ですが、こうしたネガティブなアプローチは、次のような点であまり効果的とは言えないのです。

◎ネガティブな危機感を与えることの問題点

- 研修で学ぶことが「苦痛」「嫌なこと」というマイナスなものとなり、「やらされ感」が高まる
- ネガティブな経験は長期記憶に定着しづらく、学んだ内容を忘れるリスクが高まる
- 研修後に職場で実践して成果を出すことではなく、研修中に求められたレベルに達することがゴールになってしまうリスクがある

こうした観点から考えると、ポジティブなアプローチのほうがより効果的だと言えます。

ネガティブなアプローチ
「このままではだめだ!」

学ばなければという危機感

ポジティブなアプローチ
「自分に役に立つ!」
「知りたい!」「学びたい!」

自発的な学ぶ意欲

「問いかけ」で参加者の主体性を引き出す

著者（中村）が行った、ある研修講師向けのオンライン研修でのオープニングを紹介します。

```
◎オープニングデザイン（例：研修講師向けの研修）

1．「『伝えたからと言って相手が○○とは限らない』この『○○』に入る言
   葉を予測してください」と言って、アンケートを開始する
            ⬇
2．参加者に4択のアンケートで予測してもらい、回答を確認する
            ⬇
3．参加者主体の考え方を簡単に解説する
            ⬇
4．研修の目的とアジェンダの確認、講師の自己紹介と続ける
```

　ここで、「最初の問いかけ」とアンケート機能を使った「巻き込み」が
あるかないかが、違いを生みます。

　まず、**参加者はオンラインで研修にログインしているからと言って、頭
の中も研修に集中できているとは限りません。**送り忘れたメールや対応が
必要な電話など、研修とは関係ないことが気になって集中できない状態で
あっても不思議ではないのです。
　そこで、そうした参加者の関心事について考えることを中断してもら
い、研修内容に集中してもらう必要があるのです。
　そのため、「問いかけ」てリアクションを求めることによって、**参加者
自身に考えてもらったり、手を動かしてもらうことが重要**です。
　こうして参加者を巻き込んでいくことで、研修に集中してもらいやすく
なります。

「巻き込み」「自己開示」は徐々に行う

　ただし、「巻き込む」とは言っても、オンラインの場合、対面での集合
研修よりも発言のハードルが高いと感じる方が多い点には配慮が必要です。
　そのため、最初は音声ではなく、スタンプや画面にコメントを書く機

能、アンケートなど匿名性のあるツールを利用して、リアクションを促します。

　また、自己紹介など自己開示を求めるものは、最初ではなく、もう少し場が温まってからにします。
　最初は、研修内容に関連性のある問いかけに対して反応を示すタイプのものを用意し、徐々にツールや場に慣れてもらい、音声や自己開示を求めるような内容へと移行できるようデザインします。

◎オープニングでの効果的な巻き込み

・カメラをオンにし、声を出して発言を求める
・自己紹介（特に全員１人ずつの自己紹介）

・研修の内容に関連性のある問いかけにリアクションをしてもらう
　例：アンケート、スタンプ、画面にコメント、投票など
　　　匿名性のあるツール

効果的なオープニングのデザイン

　ここまでに述べたようなポイントを取り入れた効果的なオープニングデザインのパターンは次のようになります。

POINT!

◎効果的なオープニングのデザイン

1. 研修内容と関連性があり、インパクトのあるアクティビティ
参加者の最大の関心事を打ち破り、研修内容に意識を集中させ、インパクトのある内容にする。人は最初と最後をよく記憶するので、研修内容に関する大切なメッセージをここに入れる。問いかけやクイズなどで考えてもらったり、参加者がコメントを書き込むなど、手を動かしたりすることで巻き込む

2. 研修目的やアジェンダの説明
得たい成果、目的と内容がどうリンクしているかを明確にする
開始、終了時刻を確認するほか、休憩時間を伝えておくことで参加者の途中の離脱を防ぐ効果もある

3. グラウンドルールの確認
「建設的な発言をする」など研修を充実させるための依頼を伝え、参加者の了解を得る
＊アンケート機能を使ってグラウンドルールの各項目に「はい」と答えてもらう方法もお勧め

4. 参加者同士の自己紹介
ペアや数人のグループ内での自己紹介とする。この際、研修の内容に関連する情報を盛り込んだ自己紹介になるよう導く。また1人あたりの時間の目安を伝えるなどし、参加者間でのばらつきが大きくならないように配慮する

5. 講師の自己紹介
このテーマ・内容で講師を務めるのにふさわしい人物であることがわかるような自己紹介の内容にする。配付する資料やワークブック、事前案内にプロフィールを掲載しておくことも有効

具体的なオープニングデザイン例は、次のようになります。

◎オープニングデザイン例

1. アクティビティ	2分	「伝えたからと言って○○とは限らない」という問いの「○○」に入る言葉についてのアンケートを行い回答してもらう
	2分	上記の解説および「参加者主体の研修」の基本概念図を紹介する
2. 目的、アジェンダ	4分	・研修目的および研修で扱う内容を紹介する ・興味のあるトピックにスタンプを押してもらう
3. グラウンドルール	2分	内容を投票機能で確認してもらう
4. 参加者同士の自己紹介	3分	・参加者の属性や課題についての質問（アンケート） 　→さまざまな属性、課題を示し該当する箇所にスタンプを押してもらう
	8分	研修内容に関連するテーマについてのグループディスカッション＆自己紹介
5. 講師自己紹介	2分	講師の自己紹介

◎スライド例１：「2. 目的、アジェンダ」において、トピックを紹介して興味のあるトピックにスタンプを押してもらう

写真：Shutterstock

◎スライド例2：「4．参加者同士の自己紹介」のアンケート

オンライン研修は好きですか？

苗字の頭文字が「ア行」と「カ行」の方、スタンプをどうぞ！

できれば
やりたくない

大好き♡

クロージングのアクティビティ

クロージングの役割

　人は最初と最後を記憶しやすいので、オープニング同様、クロージングのデザインもとても重要です。**大切なメッセージを強調して記憶に留めてもらったり、研修後の実践を促したりするための大切な時間**なのです。

　また、クロージングは、研修後に学びを実践に移してもらうためにも重要な役割をはたす時間です。大切なポイントを記憶に定着させ、職場に戻ってからの実践への移行をサポートするデザインを行っていきましょう。

　しかし、よく見かけるのは、次のようなクロージングです。これは、ここまでに挙げたようなクロージングの役割から考えると、とてももったいない終わり方と言えるでしょう。

◎**クロージングのデザイン**

・質疑応答で終わる
・最後にアンケートに記入してもらう
・そもそも、終了時間を過ぎている

効果的なクロージングのデザイン

　もちろん、アンケートへの回答や、質疑応答を行うこと自体は問題ありません。それを先に終わらせて、研修後に何を実践するかを考え、書き出したり、シェアしたりしてもらい、研修の最後は、大切なメッセージで締めくくります。

　具体的には、次のような流れでクロージングをデザインします。

POINT!

◎効果的なクロージングのデザイン

1．アンケート記入
一通りのコンテンツが終了したところで、先にアンケートに記入してもらう

⬇

2．習得したことの確認をする
その日の内容を振り返り、全体感、優先順位の整理を行ったり、理解度チェッククイズなどで習得内容の確認を行ったりする

⬇

3．アクションプランを立てる
個人でアクションプランに落とし込んで書き出し、ペアやグループで共有する

⬇

4．メッセージ性のあること
３まで行い、講師からの励ましの言葉で終了しても良いが、記憶への定着や実践に向けての意欲を高めるよう、インパクトのある内容を最後に加えることも効果的（例：研修内容を実践して大きな成果を出した事例の紹介、行動を促す言葉、成功場面をイメージしてもらう、写真や映像の活用など）

◎クロージングデザイン例

（質疑応答）	10分	クロージングに入る前に質疑応答を終えておく
1. アンケート記入	3分	先にアンケートに回答する時間をとる
2. 振り返り	2分	・ここまでの学びを振り返り、「今日の収穫ベスト3」を個人で付せんに書き出してもらう
3. アクションプラン	3分	・付せんに書き出したことをグループでシェアする
4. メッセージ性のあること	2分	・「変化を1文字変えてチャンスにするには？」という問いかけに対して、チャットで回答をしてもらう（詳細は後述） ・「この変化を大きなチャンスと捉え、今日の学びを活かして大きな成果につなげてください！」という講師のメッセージで締めくくる

　なお、ここでのポイントは、これらを講師が話すのではなく、参加者に主体的に動いてもらうことです。

　講師がまとめて話すのを参加者が聞くのではなく、参加者自身がワークブックをめくって振り返り、書き出したり、答えたり、話したりするようにデザインしましょう。

　特に「3. アクションプランを立てる」「4. メッセージ性のあること」について、以下で補足します。

アクションプランを立てる

　研修は、イベントではなくプロセスです。

　研修の目的は、ビジネス上の成果を出すことであるため、研修での学びのうち何をどう実践するか、そのアクションプランを立ててもらうことはクロージングの大切な要素のひとつです。

　「職場に戻ってからアクションプランを立ててください」と伝えるのではなく、記憶が鮮明なうちに、研修のクロージングの時間に立ててもらう

ようにします。

　ただし、研修終了時にその全部の内容について振り返って書くのではなく、トピックごとに時間をとり、その都度、アクションプランに入れるべき項目を書き出しておいてもらえると理想的です。

◎**アクションプランを立てる：実践例・ポイント**

- ●イメージが具体的であればあるほど実践率が高まるので、抽象的な言葉ではなく、可能な限り具体的に書いてもらう（5W1Hを明確にする、など）
- ●うまくいかない状況も想定し、それをどう乗り越えるかもイメージを描いてもらう

- ●「職場に戻ったら忘れないうちにアクションプランを立ててください」と伝えるだけで研修のクロージングで時間をとらない
- ●「〜を意識する」「〜に気をつける」など具体的ではない表現のままにする

【アクションプラン　シート例】

○研修中に記入するシート例

学び・気づき・重要ポイント	実践・活用のアイデア

○研修後の実践へ向けてのアクションプラン例

今回の研修での学び・気づき　ベスト3

1.

2.

3.

実践計画

目的・目標	アクション	期限

メッセージ性のあること

「メッセージ性のあること」について、234ページで紹介したアクティビティの詳細を解説します。

◎メッセージ性のあること：実践例・ポイント

１．研修の最後に問いかけを行う
「変化を１文字変えると、チャンスになります。わかる人いらっしゃいますか？　わかったらチャットへ入力をお願いします」

⬇

2．参加者に考え、答えてもらう
回答は、チャットに入力してもらう

⬇

3．講師からのメッセージ
「変化を英語で言うと、『CHANGE』。このうち『G』を『C』にすると『CHANCE（チャンス）』になります。この変化を大きなチャンスと捉え、今日の学びを活かして大きな成果につなげてください！」

リビジットをデザインする

効果的なリビジットの４つのポイント

リビジットという言葉は、「ビジット（visit）」に「re」がついているので、「再訪」という意味です。つまり、学んだ内容を振り返る、復習する、ポイントを再確認するという意味になります。

20分に一度、リビジットを取り入れることで、学習した内容が長期記憶に移行しやすくなります。

効果的なリビジットをデザインするうえで、次の４つのポイントを意識すると良いでしょう。

ポイント１　主語は、講師ではなく参加者

これはつまり、**講師ではなくて参加者自身が行う**ということです。

講師が大切なポイントを再度伝えるのではなく、参加者が自ら振り返り、リフレクションをし、書き出したり、何かに回答したり、誰かとシェアしたりするのです。

ポイント2　全員を巻き込む

　講師が誰か1人を指名して発言してもらう方法ではなく、**全員が自ら振り返り、リフレクションをし、書き出したり、何かに回答したり、誰かとシェアしたりします。**

ポイント3　新しいコンテンツは入れない

　そもそもリビジットは、学んだ内容を振り返って確認・整理することが目的です。そのため、リビジットの際に学んでない内容を含めることは避けます。

◎**学んだ内容に関するリビジット**

・「ちなみに」「余談ですが……」と講師が別の話をする
・基本パターンを教えた後に、教えていないイレギュラーや応用を考えさせる（このようなアクティビティは、リビジットではなく、新しい（次の）コンテンツなのでリビジットには組み込まないようにする）

・空欄に入る単語が思い出せるかペアで確認する
・（学んだ内容について）なぜ重要なのかを自分の言葉でアウトプットする

ポイント4　成功体験にする

　リビジットは、テストではありません。全員がすべて正解して良いものです。
　小さな成功体験を積み重ね、ポジティブな感情を維持したまま研修を続けることができるような難易度にします。大事なポイントを整理し、くり

返すことで、長期記憶への定着がサポートできれば、リビジットの目的は
達成したと言えます。

・基本事項のリビジットなのに、応用問題を出題する
・スキルに関して、できていない点ばかりを指摘する

・基本事項で、全員が答えることが目標である内容の確認
　クイズ
・スキルに関しては、できている点を認め、ほめて、励ま
　す

リビジットのデザイン例

　以下にリビジットのアクティビティのデザイン例をひとつ示します。な
お、リビジットのアクティビティは、これまでのページでも紹介してきま
した（162ページなど）。こうしたものも参考にしながら、研修にリビジッ
トを取り入れていってください。

◎**リビジットのデザイン例**

１. 学んだ内容についてのクイズを３問用意し、スライドに表示する

２. 個人で考える時間をとる

３. ペアでチャットをしたり、画面にコメントをつける機能を使ったりして　確認する

４. 講師が解答を示す

エナジャイザーをデザインする

オンラインにおけるエナジャイザーの重要性

　エナジャイザーも研修デザインの中で重要なアクティビティです。

　エナジャイザーとは、**脳を活性化させるアクティビティ**のことです。脳は体積としては体の３％程度ですが、血液中の酸素の約20％を消費すると言われています。研修中は、常に脳が活性化された状態で学習に集中して欲しいのですが、眠気におそわれたり、集中力が切れたりするのは、人間である以上、仕方のないことです。

　なお、対面での集合研修においてもエナジャイザーを行いますが、オンライン研修の場合、さらにその重要性が高まります。なぜならば、オンライン研修の場合、どうしても画面を見て座っている時間が長くなるためです。

　エコノミークラス症候群という言葉を聞いたことがある方は多いでしょう。同じ姿勢でずっと座っていることは体にも良くありません。

　エナジャイザーを取り入れて、立ち上がって体を動かし、血流を良くして、脳に新鮮な血液と酸素を送り込みましょう。

エナジャイザーをデザインする

　これまでに見てきた**オープニング、クロージング、リビジット**は、**研修内容に関連があることがとても大切ですが、エナジャイザーは研修内容とはまったく関係のないものでも問題ありません。**

　たとえば、「１分間部屋の中を歩く」といったものでも良いのです。

体を動かすだけではなく、クイズやゲームなどを行うことも、リフレッシュになります。休憩時間が終わる時など、タイミングを見計らって、エナジャイザーを取り入れ、集中力を高めてもらう工夫をしましょう。

POINT!

◎エナジャイザーのアクティビティ例

- ●体を動かす
  - ・立ち上がる
  - ・柔軟体操
  - ・窓の近くまで行って外の様子を見てきてもらう　など
- ●脳を刺激する
  - ・クイズに答える
  - ・ゲームをする

3-9

研修デザインのステップと作成例

　ここまで第3章では、オンライン研修をするうえで大切な
コンセプト、考え方について1つひとつ検討してきました。
では、こうした考え方、コンセプトをもとに研修を組み立て
るとどのようなものになるでしょうか？　また、研修をデザ
インする際は、どのような手順で行っていけば良いでしょう
か？

　ここでは、具体的な研修デザイン例をもとに、検討してい
きましょう。

本項の Key word

「研修デザインの8つのステップ」
「オンライン研修をデザインする」
「対面での研修をオンライン化する」

オンライン研修をデザインする手順

インストラクショナルデザインの8つのステップ

　オンラインに限らず、研修をデザインする際に、手順があるとスムーズに進めやすくなるものです。そこで、ひとつの手順の例として、本書では8つのステップを紹介します。

　なお、これは拙著『研修デザインハンドブック』（日本能率協会マネジメントセンター刊）で紹介したものと同様です。同書1冊を通して、それぞれのステップについて詳細に解説を行っています。

　本書で同じ内容を紹介するのは、ページ数の都合上、難しいため、以下では、「**オンライン研修と対面研修で違うところ**」に着目して、具体例を通してその進め方、デザインの仕方を検討していきます（★がついているものが、本書で特に扱う部分です。それ以外の内容については、拙著をご参照ください）。

　また、研修デザインを行う場合、次の2つのパターンが考えられるでしょう。

・パターン1：ゼロからオンライン研修をデザインする場合
・パターン2：対面研修をオンライン研修に変更する場合

　そこで、以下では、研修デザインの各ステップについて、これらそれぞれのパターンについて具体的な考え方、コンテンツ例を紹介していきます。

POINT!

◎インストラクショナルデザインの8つのステップ

ステップ1 ニーズを分析する
今、解決しようとしている課題は何か、誰にどのようなニーズがあるかを分析する

ステップ2 参加者を分析する
対象として考えられている研修参加者はどのような人たちかを分析する

ステップ3 目的を設定する
研修を行うことによって達成したい目的を明確にする

ステップ4 オープニングとクロージングをデザインする ★
記憶のメカニズム上、そして、学びへの意欲や研修後の実践度合いを高めるうえで特に重要なオープニングとクロージングをどのように進めるかを決める

ステップ5 研修コンテンツを作成する ★
目的を達成するために必要なコンテンツを決め、デザインの法則にのっとって研修を組み立てる

ステップ6 研修の運営方法を検討する ★
参加者にモチベーション高く学んでもらうためにどのような工夫をするかを計画する

ステップ7 研修後のフォローアップ、効果測定をデザインする ★
研修終了後のフォローアップについて、内容やタイミング、誰をどう巻き込むか等を企画する

ステップ8 資料・プラットフォームを準備する ★
教材やスライドを作成し、ツールやプラットフォームを準備する

パターン1：ゼロからオンライン研修をデザインする

　以下では、著者（中村）が、本書がベースにしている「参加者主体の研修手法」の入門として、1時間の研修をオンラインで行ったケースをもとに、デザインの考え方、具体的なデザイン例を紹介します。

ニーズ、参加者を分析し、目的を設定する（ステップ1〜3）

　この研修は、「2日間の公開イベントの中の1時間」という設定でリクエストを受けたものです。
　想定される参加者は、この手法を学んだことがない講師・教員の方が大半。拙著を読んだことがある人も多少はいるかもしれませんが、実際に研修などに参加して学んだことがある人はごく一部でしょう。そのため、**参加者の中心は「はじめて学ぶ人」**に置くのが適切と言えます。

　「はじめて学ぶ人」が多く、時間は1時間と決まっています。こうした事柄を考慮すると、「体験セミナー」というニーズが見えてきます。
　すると、次のような目的を置くことができるでしょう。

　「参加者主体の研修手法を体験し、理論の概要を学び、今後の研修に活かす方法を見つける」

　「参加者主体の研修」において重要なことのひとつが、3-4で紹介した「EAT（経験→気づき→理論）」です。そのため、「参加者主体の研修とは何か、という理論の説明から始めるのではなく、最初に『学びの場』を体験してもらい、その後、理論を紹介するという流れを基本とするのが良いだろう」と考えました。
　では、一体、どんな「体験」をしてもらうのが良いでしょうか？

そして考えたのが、「学習スタイル」（3-6参照）でした。これは、次の点で役に立つコンテンツだと考えたからです。

・教えることに関わる人にとって広く役立つ内容である
・短時間で学んでもらえる
・参加者のこれまでの経験を活かして学びを深めることができるトピックである（参考：「法則1 学習者は大きな身体をした赤ちゃんである」）

以上から、次の3点を目的として設定することにしました。

◎**この研修の目的**
- ●参加者目線で「効果的な研修」について考察し、今後の研修に活かす
- ●「学習スタイル」というコンテンツを通して、「楽しく学べる」「この手法を自分も使ってみたい」と感じてもらう
- ●参加者主体の研修手法の概要を学び、今後の研修に活かす

オープニングとクロージングをデザインする（ステップ4）

1時間の構成としては、ざっくりと次のように考えられます。

◎**研修の基本の構成**
1. オープニング
2. 学習スタイル（コンテンツを学ぶと同時に、参加者主体の研修手法を体験する時間でもある）
3. 参加者主体の研修手法・理論についての解説
4. クロージング

まず、オープニングについてです。

参加者は、「参加者主体の研修手法をはじめて学ぶ人」を基本としています。著者（中村）とはじめて顔を合わせる方も多いでしょうし、公開セミナーのため、参加者同士も初対面の方が多いことが予想できます。

そのため、まず、「参加者主体の研修手法」がどのようなものか、図で表したものを使い、アンケート機能を使って回答を求めることにしました（最大の関心事を打ち破る）。その後、オンラインツール（スタンプ）などの解説をしながら、参加者の属性を問う質問に回答してもらい、ツールに慣れてもらうデザインにしました（ネットワーキングを促す、内容に関連性がある）。

◎オープニング案（所要時間15分）

時間	内容	ツール
3分	大切なコンセプトを表す文のキーワードを空欄にし、空欄に入る単語を予想し、投票してもらう。その後解説	投票
5分	2つのコンセプトを比較する図を示して解説。その後、5つの事象についてどちらに当てはまるかを考えてもらい、解説	投票
3分	セミナー目的とアジェンダの確認、講師の自己紹介	音声、スライド
4分	参加者の属性に関する質問に回答してもらう	ホワイトボードにスタンプ

◎スライド例：2つのコンセプトを比較する図

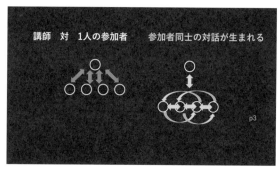

続いてクロージングです。

　クロージングでもっとも大切なことのひとつは、次に何をするかを明らかにすることです。そのため、学びを振り返り今後に活かしたいことを書き出す時間をとりました（アクションプランを立てる）。そのうえで、UMUを使った抽選会を実施し（祝いの要素）、今日の学びを締めくくりつつ講師としての活躍を願うメッセージで終える（学んだ内容のすべてを結びつける）というデザインにしています。

◎クロージング案（所要時間10分）

時間	内容	ツール
2分	参加者主体の研修手法・理論について、今後に活用したいことを書き留める	配付資料
3分	景品の抽選会を実施	UMU
5分	今日も学びを締めくくりながら、今後の実践を励ますメッセージを伝える	音声、スライド

◎スライド例：今後の実践を励ますメッセージ

写真：Shutterstock

研修コンテンツを作成する、運営方法を検討する（ステップ5～6）

247ページで述べた研修の基本の構成のうち、「2」と「3」がそれぞれコンテンツのひとつのかたまりです。それぞれのかたまり（20分）について、「CSR」をデザインしていきます。

2.「学習スタイル」についての解説

参加者は「学習スタイル」についてはじめて聞くかもしれません。しかし、まず理論の解説をするのではなく、解説を聞きながら（C）、自己分析をしてもらい、スタンプを押すなどの参画を促す（S）形で進めます。

そのようにして、一通り解説した後に、UMUを使って、参加者自身の学びの好みを表現してもらう機会を設けます（「法則2 人は自分が口にしたことは受け入れやすい」）。参加者同士で、ほかの人のコメントを読むことによって、講師に解説されるよりも納得度が高まる効果があるのです。

また、リビジットとして、ここまでのアクティビティからの学びを振り返り、自分の言葉として整理し、書き出すことにしました。

2．学習スタイルについてのコンテンツ例（20分）

時間	CSR	内容	ツール
10分	CS	・人には学び方に好みの違いがあるということを解説 ・解説を聞き、参加者自身のスタイルを自己分析し、各人がどのスタイルかを示してもらう	音声、スライドホワイトボードにスタンプ
7分	CS	・自分の学び方の好みについて、どういう学び方が学びやすい・学びにくいかをコメントしてもらう ・その後、ほかの人が書いたコメントを読み、違いを認識する	UMU（コメントを記載し、他人のコメントを読み、コメントをつけ合える機能）
3分	R	学習スタイルについて、ほかの人のコメントからの気づきも含めて振り返り、今後の研修に活かしたいことを書き留める	

◎スライド例１：学習スタイルの解説

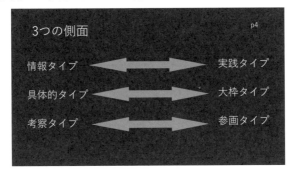

◎スライド例２：学習スタイルの自己分析

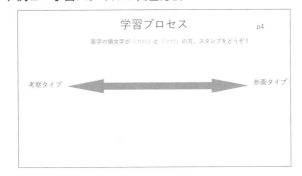

また、この内容を運営するにあたって、次の点を考慮しました。

◎運営上の工夫

●UMUの活用

　当初から参加人数が多いことが予想されていたので（200名程度）、チャットやホワイトボードへの書き込みではなく、外部アプリのUMUを使って効率的にできる方法を検討した

●選択の自由を与える

「学習スタイル」のうち、どの項目に書き込むかは自分で選べるよう

にする

● 全員の巻き込み
　UMUを使うことで大人数でも同時に全員参加できるようになる

● 楽しさを感じてもらう
　ほかの人のコメントから意外な発見や学びがあったり、UMUの機能としてお互いに「いいね！」という意思表示ができたりしたため、「楽しい」という面もある（「法則3　習得はいかに楽しく学ぶかに比例する」）。
　また、これらの前提として、発言はすべて匿名で、発言内容に対して誰からも反論・批判されたりすることは一切ないというUMUのしくみも重要

３．参加者主体の研修手法・理論についての解説

　ここではまず、オープニング、そして「学習スタイル」を学んだプロセスを振り返る問いを用意し、体験をしたことを言葉で表現してもらいます。これは、EAT（経験、気づき、理論）の「A（気づき）」に当たる部分です。

　そして、それらの背景にある理論や考え方について、解説を行っていきます（EATのT（理論）の部分）。

３．参加者主体の研修手法・理論についての解説コンテンツ例（13分）

時間	CSR	内容	ツール
3分	CR	・オープニングの15分および学習スタイルについて学んだ20分のプロセスを振り返る質問に答える ・その後、この手法の体験について解説	投票 音声、スライド
10分	CS	・ここまでの体験をひもとく形で、参加者主体の研修手法・理論についての解説 ・途中で配付資料を読み、追加で記載したり、当てはまるものにスタンプを押したりする	音声、スライド 配付資料、ホワイトボードにスタンプ

なお、運営上の工夫としては次の３点が挙げられます。

①メタ認知

　メタ認知とは、自分自身を客観的に認知することで、それが成長をサポートするというコンセプトです。新しいことを学ぶ時、一般的にその内容（コンテンツ）に集中しがちで、どのようなプロセスを体験しているかまで認知しながら学ぶことができる人は少ないものです。そこで、ここまでの35分間をデザインするうえで、プロセス上、特に大切だった点を思い出してもらうような質問を用意し、アンケート機能を使って回答する形で思い出してもらいました。問いかけは以下のような質問です。

◎**質問例**
- 冒頭で事務局からの事務連絡や講師の紹介を……　した・しなかった
- 次のトピックに移る前に、学びや気づきを今後にどう活用するか考える時間を設け、書きとめたり共有したり……　した・しなかった

◎**UMU設定例**

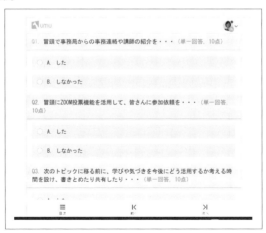

②EAT

　前述のアンケートについて解説しながら、プロセスを具体的に思い出していただき、その後になぜそういうデザインなのかを解説する、という、まさしくEATのデザインで進めました。

③ポジティブなリアクションを引き出す問いかけ

　理論の解説を行い、活用方法などを考えてもらう際に、「この手法、活用できそうですか？」「こういう理論に基づいてデザインしたのですが、いかがでしたか？」などのオープンクエスチョンをすると、「活用したい！」というポジティブな回答ももちろん期待できますが、「いやぁ、ちょっと……」「私の場合は……」というネガティブな回答も出やすくなります。1時間という短時間で200名、ほぼはじめての方が参加している場であることを考えると、全員がとてもポジティブな回答を出してくれることを期待するのは、リスクがあります。そこで、ポジティブな回答が出てくるような問いかけ方を工夫しました。

　具体的には次のようなものです。

◎ポジティブなリアクションを引き出す工夫例

1. 配付資料に、EATの順でデザインすることのメリットをリストアップし、同意できると思うものに印をつけ、追加できることがあれば、追加する
   ＊同意できるものを探す、追加する、というプロセスを通して、実は、EATのメリットをこちらから伝えている

2. 「3個以上印がついた人は、画面にスタンプを押してください」

3. 200名が参加しているので、画面がスタンプだらけになり、盛り上がる

　なお、これは、学習の法則（3-1）の法則1、法則2、法則3が当てはまる方法です。

研修後のフォローアップ、効果測定をデザインする（ステップ7）

今回は、公開イベントであったため、研修後のフォローアップはありませんでした。

たとえば同じ内容を自社主催で行う場合は、次のようなフォローアップが考えられるでしょう。

```
◎フォローアップデザイン例
  ●研修終了直後
    ・実践しようと思ったことを、共有スペースに書き込む
    ・ペアを決めておき、自分のパートナーにその内容をメールで送る
  ●1週間後
    ・進捗を共有スペースに投稿する
    ・パートナーとは個別に報告し合う
```

資料、プラットフォームを準備する（ステップ8）

今回のように、短時間で大人数のセミナーを運営する際、講師1人で全部操作するのではなく、プロデューサーとのチームを組んで行うことが鍵となります。このケースでは、運営側のスタッフのサポートも得られたので、下記のような役割分担を事前に行なっていました。

```
◎プロデューサー、運営スタッフの役割
  1．運営側のスタッフの役割
    ・ログインの際のトラブル対応、サポート
    ・ウェビナー形式で行うため、参加者にミュート、カメラオフの協
      力依頼
```

2．プロデューサーの役割
・UMUを活用する際、アクセスするリンクをチャットに流す
・講師が進行している間に次のリンクを用意し、タイムリーに流せ
　るよう待機
・少し操作が複雑な場面では、講師が画面共有して使い方を説明し、
　その説明が終わった時点でリンクを流すよう、綿密に計画。先に
　リンクを流してしまうと、それをクリックして内容を読み始め、
　講師の説明を聞き逃し、結果として使い方がわからず混乱すると
　いう事態が起こりやすくなるが、それを避けるためにタイミング
　を見計らった

　また、今回は「公開イベントのうちの1時間」の設定でしたが、このイベントでは、各セッションの開始時に、運営スタッフが講師を紹介するという流れが、当初は準備されていました。しかし、事前の打ち合わせで趣旨を説明し、運営スタッフによる講師の紹介はなくし、こちらが用意したオープニングのアクティビティでスタートすることに、同意を得ていました。こうした事前の打ち合わせ・調整も、準備の重要なポイントと言えます。

パターン2：対面研修をオンライン研修に変更する

変更前のデザイン

　パターン1では、ゼロから新しい研修を企画する場合を検討しましたが、続いて、これまで対面で行ってきた研修をオンラインで行う場合のデザインの変更について考えていきましょう。

　ここで例にするのは、「UMUを活用した参加者主体の研修設計講座」です。対面では、1日（7時間）をかけて行っていたものですが、これをオンラインで行うとしたらどのようなデザインにすれば良いでしょうか。

　まず、次のページに変更前の研修デザイン例を示します。

　これをオンライン研修で行う場合、何をどのようにデザインしていけば良いでしょうか？

◎デザイン例（対面での研修）

> 時間：1日
> 参加者：研修講師、教員
> 人数：10数名
> 目的：「参加者主体の研修手法」の主要なコンセプトを研修デザインに取り入れ、UMUを活用して参加者を巻き込むことができるようになる

開始時刻	終了時刻	時間	トピック	内容	CSR	アクティビティ
00:00	00:05	00:05	オープニング	問いかけ 解説	CS	UMUアンケート
00:05	00:20	00:15	オープニング	よくある思い込みや、この研修の背景となる情報提供	CS	真実か伝説か
00:20	00:30	00:10	オープニング	セミナーの目的とアジェンダの確認 講師の自己紹介 参加者同士の自己紹介	CS	
00:30	01:00	00:30	コンテンツ1	研修デザインに関する内容① 研修をプロセスとしてデザインする、参加者の現状共有	CS	UMUアンケート ディスカッション
01:00	01:30	00:30	コンテンツ2	研修デザインに関する内容② オープニングのポイント、活用方法検討	CS	ディスカッション
01:30	01:45	00:15	休憩			
01:45	02:15	00:30	ハンズオン演習	オープニングアクティビティの作成	RS	UMU作成（アンケート）
02:15	02:45	00:30	コンテンツ3	研修デザインに関する内容③ クロージングのポイント、活用方法検討	CS	ディスカッション

02:45	03:45	01:00	昼休み			
03:45	04:05	00:20	コンテンツ4	エナジャイザー体験と解説	CS	体験
04:05	04:15	00:10	コンテンツ5	**研修デザインに関する内容④** リビジットのポイント、リビジットクイズ体験	CS	体験
04:15	04:45	00:30	ハンズオン演習	リビジットクイズの作成	RS	UMU作成 （試験）
04:45	05:00	00:15	休憩			
05:00	05:45	00:45	コンテンツ6	**研修デザインに関する内容⑤** 参加者主体の研修理論解説、活用方法検討	CS	ディスカッション
05:45	06:30	00:45	ハンズオン演習	事前学習用コンテンツ作成	RS	UMU作成 （音声スライド）
06:30	06:45	00:15	休憩			
06:45	07:15	00:30	質疑応答		S	
07:15	08:00	00:45	クロージング	今日の学びをプレゼンテーションにまとめ、動画を撮影して共有、抽選、アンケート、講師から最後のメッセージ	RS	UMU作成 （動画課題提出）

オンラインに変更するうえでのポイント

まず、研修の目的は、対面であってもオンラインであっても、変更はありません。

◎**研修の目的**

「参加者主体の研修手法」の主要なコンセプトを研修デザインに取り入れ、UMUを活用して参加者を巻き込むことができるようになる

しかし、デザインや運営方法については大幅な変更が必要になるのは確かです。特に次の点に留意する必要があります。

POINT!

◎**対面での研修をオンラインに変更する場合の注意点**

- ●**ポイント1 時間設定**
  オンライン研修の時間は1日最大3時間とする
- ●**ポイント2 同期／非同期（学習プロセス）**
  同期で行うところ、非同期で行うところを含めた学習プロセスをデザインする（同期（研修）の時間だけですべてのコンテンツを学んでもらおうとしない）
- ●**ポイント3 同期で行う部分についてオンラインに適したデザイン、ファシリテーションによって運営する**

ここからは、このケースをもとに、具体的に考えていきましょう。

ポイント1　時間設定

　まず、この研修は、対面では1日（7時間）をかけて行っていたものですが、オンラインでも変わらずに7時間で行うのは現実的ではありません。

　オンラインで行うのは、1日最大3時間までとなります（2-4参照）。

　とはいえ、「3時間で学べるものに研修コンテンツを絞ればいい」というほど、単純なものではありません。何よりそれでは、研修の目的が達成できなくなってしまうのは明らかです。

　そこで大切になるのが、**「同期／非同期」をデザインし、「学習プロセス」全体を考える**ことです。

ポイント2　同期／非同期（学習プロセス）

　対面で行っていた際のこの講座の特徴は、「参加者主体の研修について学ぶのと同時に、UMUの機能について学び、パソコンとスマートフォンを使いながら、実際にUMUでコンテンツを作成するハンズオンの内容がある」という点でした。

　この特徴を活かしながらオンライン研修に切り替えるにあたって、「同期で行うもの」「非同期で行うもの」を整理しました。

◎同期／非同期

- ●同期で行う必要があるもの
- ・UMUの基本操作習得
- ・ハンズオン演習（基本操作の習得、コース作成）
- ・参加者主体理論を学び、活用を検討する
- ・UMU活用方法検討

- ●非同期で行ったほうが良いもの
- ・UMU基本コンセプトの理解（動画視聴）
- ・UMUの機能操作に慣れる（自己学習）

・動画課題を提出する（動画を見て操作を学ぶ、自己学習）
・参加者主体の研修の基本理論を学習する（動画、および確認テスト）
・今後の活用を検討する（自己学習）
・UMUコース作成、提出（自己学習）

　このように整理を行ったうえで、間隔を空けながら１つずつ積み上げて学習できるようにデザインを見直していきます。
　具体的には、次のようなプロセスをデザインしました。

◎学習プロセスをデザインする

内容	同期／非同期	時間	方法
1．事前準備 ・コンセプト理解	非同期	30分	動画
2．基本操作習得 ・UMUの基本操作説明 ・ハンズオン演習	同期	1時間	オンライン研修
3．課題 ・課題を通して機能操作に慣れる ・動画課題の提出 ・「参加者主体の研修」基本理論についての予習	非同期	1時間 〜2時間	・動画 ・確認テスト
4．ワークショップ ・参加者主体の研修理論を学び、活用法を検討する ・UMU活用方法を検討する ・ハンズオン演習（コース作成）	同期	3時間	オンライン研修
5．課題 ・今後の活用を検討する ・UMUコース作成、提出 ・動画課題の提出	非同期	1時間	自己学習

ポイント3　同期で行う部分についてオンラインに適したデザイン、ファシリテーションによって運営する

　同期によるオンライン研修は、2および4のタイミングで行います。ポイントとなるのは特に「4．ワークショップ」で、ここで行った3時間のワークショップは、次の3点を目的として行いました。

◎「4．ワークショップ」の目的
- 理論の学びを深める
- 基本操作はできるようになっているUMUの活用方法を参加者同士で検討し、アイデアを拡散する
- ワークショップ終了後、すぐに自分自身の研修で活用できる状態になっている

　これらの目的を達成するために、ここまでで見てきた基本コンセプトをもとに、次ページのようなデザインを作成することができます。

◎オンラインワークショップのデザイン例 （所要時間3時間）

開始 時刻	終了 時刻	時間	トピック	内容	CSR	ツール
00:00	00:10	00:10	オープニング	・よくある思い込みや、この研修の背景となる情報提供 ・オンラインツールの使い方のオリエンテーション	CS	UMUアンケート （真実か伝説か） 音声、スライド
00:10	00:20	00:10	オープニング	・セミナーの目的とアジェンダの確認 ・講師自己紹介 ・参加者同士の自己紹介	CS	音声、スライド ブレイクアウト
00:20	00:30	00:10	コンテンツ1	**研修デザインに関する内容①** ・オープニングのポイント ・活用方法検討	CS	ホワイトボード、音声、スライド
00:30	00:50	00:20	ハンズオン演習	・オープニングアクティビティの作成 ・終わり次第、小休憩へ	RS	UMU作成 （アンケート）
00:50	01:00	00:10	コンテンツ2	**研修デザインに関する内容②** クロージングのポイント、活用方法検討	CS	音声、スライド
01:00	01:25	00:25	ハンズオン演習	・リビジットポイントの確認 ・リビジットクイズの作成	RS	UMU作成 （テスト）
01:25	01:40	00:15	休憩	エナジャイザー体験を含む休憩	S	UMU （ミニゲーム）
01:40	02:00	00:20	コンテンツ3	**研修デザインに関する内容③** ・参加者主体の研修理論 ・同期・非同期のデザイン	CS	ホワイトボード、音声、スライド
02:00	02:20	00:20	ハンズオン演習	・理論を自分自身の研修に落とし込む ・アクティビティ作成	RS	配付資料

02:20	02:45	00:25	ディスカッション	共有とフィードバック	R	ブレイクアウト
02:45	03:00	00:15	クロージング	学びの整理と共有 抽選 アンケート 講師からのメッセージ	RS	ホワイトボー 音声、スライド UMU（抽選、ア ンケート）

対面からオンラインに切り替えたことのメリット

　デザインについては以上になりますが、対面で行っていた研修をオンラインに切り替えたことで著者（中村）自身が感じたメリットについて、ここで共有しておきます。オンラインと対面での学習のそれぞれの効果について検討する際の一助として、参考にしてください。

POINT!

◎**オンラインに切り替えたことのメリット（例）**

- ● 1日がかりの対面研修の場合、ITリテラシーの差によって、進度にばらつきがあることが時々課題になっていた。しかし、非同期でそれぞれのペースで学ぶことができるデザインにしたことで、それが気にならなくなった
- ●同期の時間の焦点が明確になり、アウトプットの質が高まった
- ●結果とし持ち帰ってすぐに活用できるフレームワークを作成することができた
- ●間隔を空けて何度もくり返すことで、記憶への定着のサポートになった
- ●同期の時間が7時間から4時間に短縮できた
- ●オンラインのため、参加するための移動の時間や交通費がかからず、開催側にとっても会場費がかからなくなった

第 **4** 章

参 加 者 主 体 の
オ ン ラ イ ン 研 修 の
フ ァ シ リ テ ー シ ョ ン

4-1

なぜファシリテーションが 必要なのか

　第4章では、オンライン研修におけるファシリテーションについて考えていきます。

　ファシリテーションと聞くと、どのようなことを思い浮かべるでしょうか？　多くの方は、研修当日に参加者を巻き込み、発言を促したり、学習を促進させたりするテクニックをイメージすることでしょう。しかし、参加者主体の研修では、ファシリテーションをもう少し広い意味で考えています。ここでは、そうしたファシリテーションの全体像と、その目的について概観していきましょう。

本項の Key word

「ファシリテーション」
「巻き込み」
「準備」
「当日の運営」

オンライン研修におけるファシリテーション

参加者を巻き込むオンライン研修

オンライン上での研修を行ったことがある講師から、こんな声をよく聞きます。

・参加者の反応が見えにくい
・伝わっているかどうかがわからない
・画面に向かって話しながら孤独を感じる
・ディスカッションの活発さや質にバラツキがある
・対面の研修と違って、オンラインでは全体を見て必要に応じて介入することができない

こうした場面で、**参加者をうまく巻き込み、場を活性化させる**ことこそ、**オンライン上で講師に求められるファシリテーションスキル**なのです。
では、どうすれば良いのでしょうか。
まず、そもそもファシリテーションとは何でしょうか。

本書でここまで述べてきたように、研修は講師から一方的に情報を伝える場（図4-1）ではありません。
研修の効果を高めるためには、参加者に問いかけ、指名をしたりして発言を促すだけのスタイル（図4-2）のみならず、参加者同士の対話や関わりを多く生み出していきます（図4-3）。こうした働きかけを通して、参加者の学びを深めたり、何かを生み出したりすることにこそ、集合して学ぶ意義があるのです。
この図4-3の場面を運営するのが、参加者主体の研修におけるファシリテーションです。

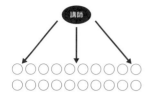 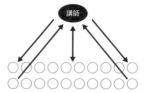 

図4-1　講師が一方的に話している　　図4-2　講師と1人の参加者の対　　図4-3　参加者同士の対話
　　　　　　　　　　　　　　　　　　　　話のみ

ファシリテーションとは、場を盛り上げること？

　とはいえ、「とにかく一生懸命、参加者の発言を促す」とか、「場を盛り
上げようとする」のがファシリテーションの目的ではありません。
　たとえば、こんな声を耳にすることがあります。

「オンラインセミナーに参加すると、場を盛り上げようとい
う意図からか、主催者や講師の方が、オープニングからとて
もテンションが高く、参加者にも声をかけ、発言を求められ
ることがあります。参加する側との温度差が大きく、むしろ
そのテンションについていけず、そっと退出したことが何度
かあります」

　これはオンライン上のファシリテーションがうまくいっていない例です。

　こうした**失敗が起きるのは、研修当日のファシリテーションスキルとい
うよりは、デザインに課題がある**と言えます。

　音声での発言より、匿名性のあるツールのほうが抵抗感が少ないことに
ついては、これまでも述べた通りです。オンライン研修のオープニングに
おいて、参加者を巻き込むためには、こうした匿名性のあるツールを活用
して、まずは「安心できる場」をつくる必要がありました。
　そうしたデザインになっていれば、参加者の反応は違ったものとなって

いたのではないでしょうか。

　ツールを使って反応を示してもらうのであれば、どの場面でどんな問いかけや投げかけをし、どのツールを使って反応してもらうかを綿密に計画し、準備しておく必要があります。これこそが第2章、第3章で検討してきた、オンライン研修のデザインです。

　そして当日は、用意した内容でスムーズな進行を行い、参加者の学びをサポートするのです。

効果的なファシリテーションの2つの要素

　このように、ファシリテーションには、次の2つの側面があります。

POINT!

◎ファシリテーションの2つの側面

- 準備
　どの場面でどんな問いかけや投げかけをし、どのツールを使って反応してもらうかを綿密に計画し、準備する（第2章、第3章もあわせて参照）

- 当日の運営
　準備したことを効果的に運営する（本章で特に検討）

　言うまでもなく、当日の運営をスムーズに行うことができるのは、事前の準備があってこそのことです。そのため、オンライン研修で効果的なファシリテーションが行えるようにするためには、ここまでに検討してきたデザインをしっかりと行うことが欠かせません。

　そのうえで、当日、どう運営していけば良いのかを見ていきましょう。

4-2

オンライン研修での
ファシリテーションの特徴

　オンライン研修でのファシリテーションに難しさを感じて
いる方は、少なくないかもしれません。その理由として、日
本のハイ・コンテキストな文化が影響しているのではないか
と、著者は考えます。

　そうは言っても、もはや研修のオンライン化は止められな
い状況の中で、私たちは何をどのように変えていけばいいの
でしょうか。

　この項目では、オンラインにおけるファシリテーションの
準備を進めるうえで、対面での研修との違いを参照しなが
ら、方向性を検討していきましょう。

本項の
Key word

「ハイ・コンテキスト」
「ファシリテーション」
「関係構築」
「自己開示」
「対話の時間」

オンライン研修と対面での研修は、何が違うのか

オンライン研修と対面での研修の共通点

オンライン研修でのファシリテーションを考えるにあたって、対面の研修と何が共通なのか、そして何が異なるのかを整理します。

まず共通点についてです。

講師と参加者の関わり

「講師と参加者との関わり」という意味においては、対面の研修でもオンラインの研修でも基本的には同じことだと考えます。

参加者に知識を伝達することはもちろん重要なのですが、受け取った情報について考え、確実に理解し、それを参加者が自らの行動に落とし込むための時間をデザインすることも欠かせません。スキルの習得を目的とした研修であれば、練習を行って自信をつけてもらうための時間も必要です。

参加者に対して、「情報を提供する」のは講師の役割のひとつですが、それがすべてではないことはこれまでもお伝えしてきました。講師に求められるのは、「ステージ上の賢者」ではなく、**「ステージ脇で導く役割」**。これは、対面であろうとオンラインであろうと変わらない、ファシリテーターとしての講師の役割なのです。

参加者全員を巻き込む

これは4-1でもあらためて振り返りましたが、**参加者主体の研修では、**「講師対1人の参加者」ではなく、**参加者全員を巻き込んでいきます。**さらには、参加者同士の対話を大切にする点は、オンラインであっても対面であっても変わらないファシリテーションの目的と言えます。

ファシリテーションにおける事前の準備（デザイン）の重要性

　ファシリテーションというと、講師と参加者の当日の関わり方やそのテクニックをイメージされる方が多いかもしれません。しかし、それを**効果的に行うには事前の準備（デザイン）が欠かせない**のです。

「リーダーシップ研修」を例に考えてみましょう。すばらしいリーダーになるための姿勢や行動を学ぶ研修です。

「すばらしいリーダーとは、どのようなリーダーですか？」

　このように問いかけて参加者に考えてもらい、ディスカッションし、それを発表してもらうというデザインは、よく見るパターンかもしれません。

　このデザインは効果的なものでしょうか？

「理論を講義する前に参画してもらう」という点においては、良いと言えますが、このデザインには落とし穴があります。

「○○とは」という問いに対して考えてもらうと、**研修の内容や方向性に合った回答が返ってくるとは限らない**のです。講師が用意しているコンテンツとは真逆の見解をもっている参加者もいるかもしれません。

　そうした回答が出てきた時に、講師は参加者の発言に対してどのように対応すればいいでしょうか？　否定をして、そこから議論になるのは避けたいところですが、明らかに逆のことを言われた場合、受け止めるのは難しいものです。

　つまり、「すばらしいリーダーとは、どのようなリーダーですか？」というのは、**対応に困る回答が出てくるリスクが高い問いかけ**なのです。

　一方、次の場合はどうでしょうか？

「今までに出会ったリーダーで、すばらしいと思った人の特徴や言動はどのようなものですか？」

　この問いに対してディスカッションしてもらった場合を考えてみます。

　もちろん、真逆の見解が出てくる可能性はありますが、「そういう人が実在して、すばらしいと思った」という事実は受け止めることができます。そのうえで「これまでとは違った視点も学んでみましょう」などと、軌道修正する方法も考えられるでしょう。少なくとも、先ほどのパターンよりは対応がしやすいと言えます。

　つまり、研修のファシリテーションを考える時、当日参加者の発言をどう引き出すか、どう受け止めるかだけでは不十分なのです。**どのような問いかけをすれば有意義なディスカッションが成立するか**を考える必要があります（問いかけについて、詳しくは4-6で見ていきます）。

オンライン研修と対面での研修の違い

　研修の事前の準備については、対面よりむしろオンラインのほうが、その重要性が高まります。

　3-2で述べた通り、「90/20/8」の法則は、オンラインでは、「90/20/4」になります。この法則にのっとってデザインをすると、4分ごとの参画、20分というまとまりごとのリビジットの場面で、何らかのファシリテーションを行うことになるわけです。

　これはかなりの頻度です。その場の思いつきや、臨機応変な対応で乗り切れる量ではありません。

　また、毎回、「チャットにコメントお願いします」などといったワンパターンなものにしないためには、使用するツールや手法のバリエーションを考えておかなければいけません。

　こうした理由から、事前の綿密な計画と準備が必要なのです。

　オンライン研修で、さらに注意が必要な点にはどういったものがあるでしょうか。

場の空気を読むことの難しさ

　対面での研修とオンライン研修で、圧倒的に異なるのが、**「オンライン研修は場の空気を読むことがとても困難である」**という点です。

　日本語はとてもハイ・コンテクストな言語のひとつです。コンテクストというのは、言語以外でのコミュニケーションということですが、それが「ハイ」、つまり割合として高いという意味です。

　日本語には「察する」「行間を読む」「場の空気を読む」「一を聞いて十を知る」など、言葉にしていないことを理解することを良いと評価するような表現が数多くあるのは、その表れと言えます。

　一方、英語はロー・コンテクストな言語です。

　推し量ろうとせず、考えや意見、気持ちは言葉で表現すべきで、伝えたければ言葉にする必要があります。また、言葉にされていないことを勘ぐる（空気を読もうとする）ことは、むしろあまり高く評価されないことが多いものです。

　英語で書かれた契約書に接する機会がある方には、イメージがしやすいかと思います。日本語の契約書では「双方話し合いのうえ、解決する」などとてもハイ・コンテクストな表現を見かけますが、英語の場合は、どんな状況ではどう対応するかが事細かに書かれていることが多いものです。

　ハイ・コンテクストな日本では、研修講師も、「場の空気を読んで臨機応変に対応する」ことができる人は、良い評価を得られるのが一般的ではないでしょうか。

　これは、対面の研修など、「場」が目の前にある場合には有効でしょう。

　ですが、オンライン研修では、その「場」が目の前に存在しません。画面の向こうに個別に参加者は存在しますが、参加者同士が共有している空気というものは、そもそもないのかもしれません。

　「スクリーンに映る参加者の様子から状況を読み取ろう」と、がんばる方

もいますが、カメラをオンにすることが必ずしも良いわけではないのは前述の通りです。

　参加者がカメラをオフにしていたら、その姿を見ることはできません。チャットや音声での発言を促し、何とか状況を把握しようと努めるかもしれません。しかし、チャットに書かれるコメントや、音声での発言から様子を推し量るにはあまりに情報量が少ないでしょう。

　また、たとえカメラをオンにして姿が映っていたとしても、小さな枠の中に映る参加者の様子から、はたして参加者の状態や理解の度合いなどを正確に把握することはできるでしょうか？

　こうした理由から、「様子がわからない」「反応が見えない」と困惑する方が多いのです。これは、場の空気を読むことを大切にする日本の文化において、**オンライン研修のファシリテーションを行うことを難しくしている要因**と言えるかもしれません。

発想を転換する

ではどうすれば良いでしょうか。

こんな例を考えてみましょう。あなたは昔から、川で泳ぐのが好きで、得意でした。しかし、近年、気候の変化により、川の水量が著しく減っています。昔は泳いだり飛び込んだりして楽しんでいた場所も、水かさが減り、浅くなってしまっています。

さて、あなたはどうしますか？

雨が降って水量が増えるように、祈るでしょうか。あるいは、少ない水量でもケガをせずに泳げるようなスキルを上達させようと思うのでしょうか。もしくは、楽しく泳ぐという目的が達成できるような別の場所を探すでしょうか（たとえば、海や、プール、もしくは別の川を探してもいいかもしれません）。

大きく変わった状況に対して、同じ場所、同じ方法で対応しようと思うのも選択肢のひとつではあるでしょう。しかし、目的を達成するために場を変えたり、ツールを変えたりすることも時には必要です。

研修のファシリテーションを考える時、対面の研修でのやり方からオンライン研修でのやり方に切り替えることは、後者です。

つまり、これまで対面で行ってきたことをそのままオンラインで行おうとするのではなく、発想の転換が必要です。チャットや音声、画面に映る参加者の小さな映像から状況を読むスキルを高めようとするのではなく、オンライン上にあるツールを有効活用して、別の方法で目的を達成するのです。

オンライン研修でのファシリテーションの基本

　では具体的にどんな点を変えていく必要があるでしょうか。次の４つの基本に分けて考えます。

関係を構築する

　講師対参加者、参加者同士、いずれにおいても関係を構築することが大切ですが、その方法は対面と同じというわけにはいきません。

「オンラインでは雑談ができない」と、多くの方からうかがいます。

　もちろん、オンライン上で誰かに声をかけて話すことはできます。しかし、その対話をほかの全員が聞いている状態になりますし、同時に複数の対話があちこちで起きる、ということが難しくもあります。オンラインでは、ちょっとした会話をすることで、場が和んだり、関係構築を進めたりすることができないのです。

　研修開始の場面を考えてみましょう。

　対面の研修では、早く会場に来てくれた方に声をかけ、挨拶をし、雑談をしたりします。その時点ですでに、講師と参加者の間の関係が少しは構築できています。参加者の中にも、お互いに名刺交換をしたり、挨拶をしたりする方がいるでしょう。

　研修開始時刻になり、オープニングのアクティビティを行うにあたって、講師の姿は参加者の目の前にあります。話す姿から講師の人となりやパワー、温かさなどが伝わるでしょう。ハイ・コンテキストな文化においては、大切な時間です。

　ですが、こうした言語以外の情報が、オンラインでは激減します。

そこで、その減少をカバーしようとして、ふだんよりテンションを高くするという作戦はどうでしょうか？

　そういうスタイルが好きな方にはいいのかもしれませんが、「テンションが高すぎて引く……」という感覚を抱く人も少なくないでしょう。

　オンライン研修では、講師の人となりや、講師自身が放つエネルギーで関係を構築するのではなく、まず、**研修のコンテンツに引き込むことを優先します**。話し手ではなく、話の内容に引き込むのです。

　話し手に意識を向けてもらうのは、それが成功した後で遅くありません。

◎**オンライン研修における参加者と講師の関係構築**

 ・ハイテンションで講師のエネルギーを伝える

 ・研修のコンテンツに引き込むことを優先する

発言へのハードル

　対面の研修でも、「全員の前で発表するのはハードルが高い」と感じる方は多いものです。

　オンラインでは、そのハードルは上がります。ましてやカメラをオンにしている場合は、なおさらです。

　参加者の立場から見ると、対面の研修では感じられる場の空気がオンラインにはないため、「今、自分が発言していいのか」「発言の内容はこれで

いいのか」など、とても気を遣うわけです。

「音声で発言することよりも、チャットのほうが気楽にコメントできるし、そうした気遣いをあまりしなくてよいから楽だ」という方は、非常に多いです。

　スマートフォンやSNSが普及したことで、文字によるコミュニケーションが増えていることも起因しているでしょう。

ただし、チャットが万能なわけではありません。
　チャットには、誰の発言かが明示され、それが記録として残るという特徴があります。また、タイプするスピードが遅い、誤字・脱字などを修正できないなども気になる点として挙げられます。

◎**チャットのメリット・デメリット**

●メリット
・声を出して発言するよりも気楽にできる
・「今、自分が発言していいか」などと考えなくていいから安心できる
・文字によるコミュニケーションへのハードルが低い

●デメリット
・タイプするスピードが遅い人もいる
・「誤字脱字を修正できないから気になる」という人もいる
・「誰が発言したか残るのが気まずい」と感じる人もいる

　そこでオンライン研修では、参加者のリアクションを引き出してファシリテーションを行いたい場合、音声やチャットだけに頼るのではなく、**匿名性のあるツール**を活用します。
　具体的には、**投票・アンケート機能、表示されているスライドやホワイトボードに文字を書き込んだり、スタンプを押したりする機能**が備わって

いるプラットフォームもあります。

たとえば、以下のような状況で匿名性のあるツールを使うことで、音声やチャットよりも、多くの反応を引き出すことができるでしょう。

> **POINT!**
>
> ◎**匿名性のあるツールで参加者を巻き込む方法例**
> - これから話す内容に関してクイズを出題し、答えを予測してもらう
> - 予備知識があれば答えられるであろう問いかけをし、答えてもらう
> - 事前学習で学んできた内容について、理解度確認の問題に取り組んでもらう
> - 興味や経験の有無を聞く
> - 説明した内容についてどれくらい理解できたか、理解度を数値で表してもらう
> - 説明した内容についての理解を確認する問題に答えてもらう
> - 質疑応答の際、質問したいことを記述してもらう

参加者の自己開示

参加者に自己開示を求めるのも、対面の研修と同じわけにはいきません。顔が見えない分、警戒心があるのは自然なことです。

自己紹介を求める前に、ここまでに述べたような匿名性のあるツールを使って、内容に関するアンケートやクイズなどに回答してもらい、リアクションを示すことへのウォーミングアップを十分に行います。

グループに分かれて自己紹介をしてもらったりするのは、そうしたアクティビティを通して場が少し温まってからにします。

POINT!

◎参加者の自己開示を促す

1. 匿名性のあるツールで、研修内容に関するアンケートやクイズに答えて
   もらう

2. 小グループに分かれて自己紹介を行う

オンラインに適した「対話の時間」を設定する

　オンラインでの対話は、対面での対話よりも時間がかかります。

　対面の場合、発言がやや重なったとしても、テンポ良く対話が進むこと
もありますが、オンラインの場合はそうはいきません。

　**オンラインでは、基本的に誰かが発言している時は、その人の発言が終
わるまで、ほかの人は発言を控える**ことになります。そのため、1人ずつ
順番に、という流れになりやすいのです。

　また、音声をミュートにしていたらそれを解除したり、ブレイクアウト
ルームに移動する際にやや時間を要したりと、対面とは勝手が違う部分が
あります。これら1つひとつはほんの少しの時間ですが、そのほんの少し
が積み重なっていくと、「少し」ではなくなるのです。

　これまでの経験から言うと、**対面の場合5分で行っていたグループディ
スカッションであれば7分程度、対面で3分であれば4〜5分程度を目安
として時間を設定する**と良いでしょう。

4-3

適切な人数を設定する

参加者主体の研修において、ディスカッションやアクティビティなど、参加者のグループを作成して、何かに取り組んでもらう機会は多くなります。

オンラインにおけるグループは、何名程度が適切なのでしょうか？　また、どのように運営すると、学習効果が高まるのでしょうか？　以下では、特にグループでのアクティビティやディスカッションをスムーズに進めるうえで大切になる人数設定を考えていきます。

そのうえで、「研修全体の人数」をどのように設定すれば良いかについても検討していきましょう。

**本項の
Key word**

「ブレイクアウトルーム」
「グループの人数」
「研修全体の人数」

グループの人数を設定する

最適なグループ人数は3〜4人

　オンライン研修でも、少人数のグループに分かれてディスカッションやグループワークを行うことは可能です。プラットフォームによっては、最初からグループ分けができる機能が備わっているものもあれば、別の会議を複数同時進行して行き来してもらうなどの工夫が必要なものもあります。

　いずれにしても、**工夫さえすれば、オンラインにおいても小グループに分かれたアクティビティやディスカッションは可能である**ということです。

　では、各グループの人数はどれくらいにするのが、学習上、効果的でしょうか。**オンライン研修の場合、1つのグループは3〜4人がお勧め**です。

5〜6人は冗長になりがち

　なお、対面での集合研修の場合、5〜6人をお勧めしています。おそらく、これまでそれくらいの人数でのグループディスカッションを経験したことがある方が多いのではないかと思います。

　対面で3〜4人という人数である場合、誰か1人が常にリーダーシップをとり、ほかのメンバーが聞き役に回る——つまり誰か1人が「仕切る」ということになりやすいリスクがあります。また、アイデアを出し合うなどの目的の場合、もう少し人数が多いほうが、ディスカッションが豊かになります。

　一方、オンラインにおいて5〜6人がひとつのグループになると、次のようなデメリットがあります。

・話に時間がかかりすぎる

・発言の機会を逃す人が出やすくなる

　これらは、オンラインでは、対面の時のように同時に複数の人が発言することができず、1人ずつの発言になるために起きることです。

　現状では、機能的に、同時に複数の人の声を配信することができないため、仕方のないことです。待ち時間ができてしまうため、人数が多いとディスカッションが冗長に感じたり、時間切れで発言できなかったりすることが起こりやすくなるのです。

　オンライン研修では、講師をはじめとして人の放つエネルギーが伝わりづらいというのは、これまでにも述べてきました。だからこそ、オンラインならでは工夫が必要になるわけですが、このオンラインの特性には大きなメリットがあります。

　それは、全員がフラットな関係性になりやすいというものです。

　そのため、**オンライン研修では、対面での研修の場合に懸念される「誰か1人が仕切る」リスクは軽減される傾向にあります。**

　なお、何かのチームや組織で全員が顔を合わせる必要があるなどの事情があれば別ですが、そうでなければ**7人以上のグループは避けます。**

◎１グループの人数

	対面での研修	オンライン研修
3〜4人	・誰か１人が仕切ることになりやすい（ほかのメンバーは聞き役になってしまう）	・フラットな関係性になりやすいため、「仕切り」が生まれづらい ・周りの発言を聞く時間と、自分が発言する時間のバランスがとれやすくなる
5〜6人	・「仕切り」が生まれづらい ・メンバーが多様になり、ディスカッションが豊かになりやすい	・話に時間がかかりすぎる ・発言の機会を逃す人が出やすくなる

グループに分かれる際の注意点

　対面の研修の場合、講師が全体を見渡して時間延長を判断したり、参加者から延長希望の声が出てそれに対応したりすることも多いでしょう。

　ですが、オンラインの場合、いったん小グループに分かれてしまうと、講師にタイムリーにコンタクトできなかったり、設定時間が終了したら有無を言わせず物理的にメインの部屋に戻されたりしてしまいます。

　グループに分かれている際に講師にコンタクトしたい時は、どのツールを使えばいいのかを決めておくとスムーズです。

小グループに分かれた後の対応

　ブレイクアウトルームなど、いったんグループに分かれた後で、「講師に確認をとる必要があること」が出てくる可能性があります（できるだけこうしたことがないようにするためのインストラクションのコツを4-5で紹介します）。

　この時、どのような対応をすればいいのでしょうか？

　具体的な対応方法は、プラットフォームによって備わっている機能が異なるので、事前の確認が必要です。

　たとえば、**グループに分かれている時にチャットに書き込んだ内容は、**

参加者全員に共有されるでしょうか？　それとも、グループ内だけでしか
共有されないでしょうか？　もし前者の場合は、チャットを使って講師と
連絡をとるのは容易です。

　しかし、後者の場合は、ほかの方法が必要になります。

　たとえば「ヘルプボタン」が備わっていて、講師にSOSの意思表示が
できるでしょうか。あるいは、困った時には、グループから誰か1人がメ
インルームに戻り、講師に伝える、という方法も考えられます。

　いずれにしても、事前に使用するプラットフォームの仕様、設定を確認
し、いざという時にあわてないよう把握するとともに、参加者にもアナウ
ンスしておけると良いでしょう。

グループメンバーは事前に決めておく

　オンライン研修の場合、事前にグループ分けを行っておくほうがスムー
ズです。そうすることで、講師が研修を進行している間に、プロデューサ
ーがメンバーをグループに分けてスムーズに移動できるように準備できる
からです。

　**グループメンバーは、部署や仕事内容、そのテーマに関する知識や経験
に大きな偏りが出ないようにするなど、配慮して事前に決めておきます。**

　なお、プラットフォームや、それぞれの設定によっては、参加者が自由
にグループを選んで移動できる場合もあります。そのような機能があれ
ば、「"話し合いたい課題"を選び、その部屋に移動する」など、参加者に
選択肢を提示するのも、とても有効な方法です。

研修全体の人数設定

研修の目的によって設定する

ここまではグループの人数設定について考えてきましたが、そもそも研修全体の参加人数はどれくらいが良いのでしょうか?

これについて、基本的なガイドラインは対面での研修とほぼ変わらず、**研修の目的と内容によってさまざま**です。

たとえば、次のように考えることができます。

・例1:著名人の講演／セミナー

たとえば有名人・著名人の講演を聴くなど、数百名同時に参加しても問題なく行われるような目的、内容の研修であれば、オンラインでも同様の人数で行うことが可能です。

ただしこれについては本書の主な目的である「研修」とは異なる位置づけだと考えます。

・例2:営業スキル研修

たとえば、営業スキルについて、クライアントとの面談におけるコミュニケーションスキルを練習し、講師や仲間からフィードバックをもらい、習得するという目的・内容の研修の場合は、オンラインであるか対面であるかに関わらず、100名規模で運営することは考えづらいでしょう。

人数は、10数名が適切であると言えます。これは、対面でもオンラインでも、同じなのです。

対面よりもやや少なめの人数設定を

　このように、基本的なガイドライン・考え方は、オンライン・対面どちらも変わりません。

　ただし、**オンライン研修の参加人数は、対面での研修よりも、やや少なめでちょうど良い**でしょう。

　これまでに述べてきた通り、オンラインの場合、コミュニケーションに時間がかかります。そのため、対面での研修以上に、参加者と個別の会話が難しくなります。それは、参加者自身も感じることでしょう。

　研修全体の長さや、内容、目的によって異なる判断が必要になる場合もありますが、一般的には、対面では20数名でもできそうな内容であっても、オンラインの場合は16名程度（4名×4グループ）だと運営がしやすく、参加者とのコミュニケーションもとりやすくなります。

POINT!

◎オンライン研修における人数設定

＊対面での研修よりもやや少なく設定する

（例）対面での研修：20数名程度

↓

オンライン研修：16名程度（4名×4グループ）

数百名規模のオンライン研修は可能なのか

　オンラインの場合、回線さえつなげば「参加」はできるので、数百名の参加も物理的には可能です。会場費がかからないというのもメリットだと言えます。

　だからと言って、**安易に人数を増やすことは避けたい**ものです。

もちろん、「講師の話を聞く研修」であれば、運営は問題なくできます。しかし、その場合は、**「そもそも同期である必要があるのか」**を考える必要があるでしょう。

　また、対面での研修においても、数百名の参加者と講師が対話をすることは非常に困難ですが、それはオンラインでも同様ではないでしょうか。

　とはいえ、数百名規模のオンライン研修を行うとしたら、どのような工夫が考えられるでしょうか。

　まず、チャットや画面にコメントをつけるなどの機能を使っても、数百名が同時に書き込んだら、読むのに相当の苦労がかかります。そのため、「アンケート・投票機能」など、人数が多くても対応できるツールを活用します。

　また、３～４人のグループに分かれてのディスカッションを行うことは、機能的には可能です。しかし、グループで話した内容を、全体にシェアするのは、時間的にごく一部のグループに限られてしまうことになるでしょう。また、ブレイクアウトルームとメインルームとの行き来の際に、回線が落ちるなどのトラブルが起きやすくなる点にも注意が必要です。

　このように考えると、数百名規模で実施する場合は、ウェビナー機能を使って、研修というよりはカンファレンスや講演会という形式（話を聞くスタイル）で運営するのが適切ではないでしょうか。

　とはいえウェビナーだからといって講師が一方的に話し続けるしか方法がないわけではありません。3-9の１つ目のデザイン例を参照ください。

4-4

アクティビティの効果的な進め方

　3-8では、参加者の主体性を引き出し、巻き込んでいくうえで欠かせない「アクティビティ」のデザインについて検討してきましたが、ここでは、デザインしたことを実践していくための具体的なテクニックを紹介していくことになります。

　オンラインでは、参加者に説明が適切に伝わらなかった場合、講師がすぐにサポートをしたり、介入したりすることが難しくなります。ここでは、そうしたオンラインならではの環境で、参加者が安心してアクティビティを進めるために必要なテクニックを検討していきましょう

**本項の
Key word**

「アクティビティ」
「インストラクション」
「リーダー決め」
「講師の介入」

アクティビティを効果的に運営する

アクティビティ実践の8つのテクニック

第3章では、効果的なオンライン研修を行うための準備・デザインについて考えてきました。特に4-4および4-5、4-6では、**作成したデザインを効果的に実践するための「テクニック」**を検討してくことになります。

一般的に、「ファシリテーション」と言うと、こうした講師の当日の働きかけだけをイメージする方も多いかもしれません。しかし、くり返し述べている通り、効果的なファシリテーションを行うためには、事前のデザインが重要な役割を占めています。事前にデザインをつくり込んでいるからこそ、当日のファシリテーションがスムーズ、かつ効果的に行えるのです。

とはいえ、**講師がどのような言葉でそれを伝え、どのように参加者と関わるのかも、効果的な研修のためには重要**です。

そこで、まず4-4では、3-8で検討した「アクティビティ」を効果的に実践するためのテクニックを、4-5では「アクティビティ」を中心にしながら研修全体を効果的に行うために欠かせない**「インストラクション」**について見ていきましょう。そして、4-6では、学習の質を大きく左右する「問いかけ」や「質疑応答」について検討します。

まずアクティビティを実践するうえで重要となる8つのテクニックについて考えていきましょう。

テクニック1　結論を先に伝える

最終的なアウトプットは何か

　アクティビティを行う際は、結論（最終的なアウトプット）が何かを最初に伝えるとイメージしやすくなります。プレゼンテーションなどでもよく言われることですが、アクティビティでも同様です。

「これからブレイクアウトルームに分かれていただきます。今回は3名1グループです。みなさんは何も操作をしなくても、自動的に移動するように設定にしています。そして5分経ったら、『あと30秒です』とのお知らせが出ます。ぜひ時間を意識して話し合いを進めてください。話し合っていただくのは……」

「これから3人ずつのグループで、〇〇についてのブレインストーミングを行っていただきます。ブレインストーミングなので、たくさんアイデアを出し合ってください。今回のリーダーは、一番最近オフィスに出社した方です。ブレインストーミングの時間は5分です。5分経過したら残り30秒のお知らせが出ます。出たアイデアはホワイトボードに記録して、戻ってからシェアしてください。移動する前に何か確認したいことがある方はいらっしゃいますか？」

　このように、アクティビティを始める前は、「最終的なアウトプットは何か」を最初に伝え、その後に具体的な内容を説明するようにしましょう。

テクニック2　ゆっくり、はっきり、ていねいに伝える

「わかっているだろう」は禁物

　話すスピードにも配慮が必要です。

　通常よりも少しゆっくりとした速度で、ところどころ間をとるように話すと、聞き手は言われたことをしっかりと理解しやすくなります。

　また、**アクティビティの進め方は、はっきりと、ていねいに伝えます。**
特に、「わかっているだろう」という過信は禁物です。

　講師は、研修内容やアクティビティ、ディスカッションの流れについて熟知しているので、「これくらい説明しなくてもわかるだろう」と無意識のうちに割愛してしまうことがあります。

　しかし、ほとんどの参加者にとっては、はじめて触れる内容で、はじめて聞く説明なのです。

　たとえば、ペアワークの際、個別にチャットでメッセージを送る機能がある場合、「では、ペアチャットで共有しましょう」と言われても、その操作方法がわからない人もいるかもしれません。その研修ではじめて使うタイミングで、操作方法を必ず案内します。

　はじめての方でも無理なく理解できる内容かどうか、説明の内容を精査し、ゆっくり、はっきり、ていねいに伝える練習をしておきましょう。

「では、ここまでを振り返って重要だと思った点をペアチャットで共有しましょう」

 「では、ここまでを振り返って重要だと思った点をペアで共有していただきます。チャットのコメント欄に『送信先』と書かれているところがあります。そこをクリックすると、今日ご参加の皆さんの名前が出てきますので、パートナーの方の名前を選んでください。そうすると、個別にメッセージのやり取りをすることができます」

テクニック3　「たとえば……」と求めている方向を示す

具体例を効果的に活用する

　ディスカッションの際などは、問いかけを行った後に、「たとえば……」と、回答例をひとつ示します。

　これによって、講師が求めていることがイメージしやすくなるほか、回答が大きくずれるリスクが低下するでしょう。

「これまで出会った中で、良かったと思う上司の言動を挙げてください（ここまでの説明のみで、小グループに分かれたディスカッションへと移行する）」

「これまでに出会った中で、良かったと思う上司の言動を挙げてください。たとえば、私の昔の上司で、部下が相談をもちかけると、必ず手を止め、しっかりとアイコンタクトをして聴いてくれる方がいました。こういう聴き方をしてくれるとうれしいですよね。このような例を挙げてください（ここまで説明をしたうえで、小グループに分かれたディスカッションへと移行する）」

ポイント4　参加者が講師に注目してからインストラクションを始める

参加者の注目を集める

アクティビティのインストラクションを行う際、しっかりと聞いて理解しておいてもらうことは、重要なポイントです。しっかりと聞いて理解してもらわないと、グループに分かれてから何をするかがわからず、混乱してしまいます。さらには、オンラインなので、講師に確認するのに手間がかかってしまうこともあるでしょう。

そこで、以下のような工夫をしましょう。

◎**参加者に注目してもらいやすくなるコツ（例）**

・アクティビティやディスカッションを行う際、そのインストラクションをする際のスライドのデザインを決めておく

（例）数人がディスカッションしている画像が入ったスライドを毎回使う。その画像を見たら、「これからディスカッション内容の説明がある」という合図になり、参加者が意識を向けてくれるようになる

・講義中、講師はカメラをオフにして話をし、アクティビティのインストラクションを行う直前でカメラをオンにする。カメラがオンになることで、参加者の注意が講師に向く

・音を活用する

（例）エナジーチャームを鳴らしてからインストラクションを行うということを習慣づけ、それを合図とする

テクニック5 ていねいな表現で、笑顔で言い切る

ていねいに、明確に伝える

　アクティビティの進め方だけに限ったことではありませんが、単語のみなど短い表現だけで伝えることは避けましょう。たとえば、「開始！」と言うのではなく、「では、始めてください」と言ったほうが、威圧感がなくていねいです。

「開始！」
「始め！」

「では始めてください」

　また、**アクティビティの説明をする際は、参加者に何かを命令するような口調にならないように注意を払います。**そもそも、講師が上、参加者が目下ということではありません。単に異なる役割を担っているだけなので、上下関係はないのです。

　たとえば、次のフレーズを取り入れると、参加者が受け取る印象は大きく変わります。

> **POINT!**
>
> ◎**参加者にはていねいな言葉で話す**
>
> - 「〜していただけますか」
> - 「〜をお願いします」
> - 「〜していただいて良いでしょうか」
> - 「お・ご〜ください」

同じ言葉を発せられても、笑顔があるかどうかで大きく印象は異なります。押しつけるような上から目線の言葉にならないようにしましょう。

また、「言葉はていねいに」が基本とはいえ、あいまいな表現では混乱が生じます。そのため、**言い切ることも大切**です。

◎**笑顔で言い切る**

「記録が残ったら後で役立つかもしれないので、もし良かったらホワイトボードを立ち上げてみんなで書き込んで、保存しておいてください。あ、でも面倒かもしれないので、どちらでもいいです」

「各グループで、どなたかお1人、ホワイトボードを立ち上げてください。保存しておいて、後で共有していただきます。後に参考になると思いますので、ご協力お願いします」

4

参加者主体のオンライン研修のファシリテーション

NG例の「もし良かったら」という言葉を聞くと、参加者は「どちらなんだろう」と混乱する可能性が高くなります。また、NG例の言い方では、**「やりましょう」と誰も言い出さずに終わる**かもしれません。そうすると、意図している**「記録して共有する」**という状態にならず、**話した内容が残らないことになってしまいます。**

　そこで、OK例のように、参加者にやって欲しいことを明確にしたうえで、笑顔で言い切りましょう。

テクニック6　文字化する

口頭＋文字のアナウンスで参加者の理解を助ける

　オンライン研修では、講師の姿やジェスチャーでの伝達よりも、講師の音声による伝達が中心となります。そのため、場合によっては、**参加者が聞き逃してしまったり、理解が追いつかなかったりするおそれがある**ことは、十分に注意を払いたいところです。

　こうした可能性を防ぐため、**アクティビティの進め方などは、口頭での説明だけではなく「文字化する」**ことで、参加者をサポートします。

　たとえば、ブレイクアウトルームに分かれてディスカッションを行う場面を考えてみましょう。グループで話す内容、求めるアウトプット、設定時間などについては、口頭で説明するだけではなく、スライドや配付資料に記載しておくようにします。

　口頭で説明し、さらにプロデューサーがその内容をチャットで案内しても良いでしょう。その場合、グループに分かれた後も、そのチャットを見ることができるかどうかを確認しておきます（プラットフォームによっては、移動したら見られないこともあるので、事前の確認が必要です）。

　対面での研修であれば、口頭で伝えた後に、インストラクションのスライドを投影したままにもできますし、参加者の様子を見てホワイトボードに記載するといった臨機応援な対応が可能です。しかし、オンラインの場合、その場でスライドを作成するのはスマートではありません。

　また、プラットフォームによっては、グループに分かれた後は、それまで投影していたスライドが見えなくなってしまったり、講師にチャットを送ることができなくなったりする可能性があります。

そのため、グループに分かれる前に、「アクティビティの進め方」を文字で表記したスライドを利用しながら説明する必要があるのです。

　こうしたオンラインと対面での違いも、オンライン研修において事前の綿密な準備とデザインが求められる理由のひとつです。

　また、**何をするか伝えた後、アクティビティを開始する前に、必ず「確認したいことはありませんか？」と、参加者の理解度を確認する**ことも忘れないようにしましょう。

NG例	・アクティビティの進め方は、口頭でのみ説明する ・一度しか説明しない
OK例	・アクティビティの進め方は、口頭＋スライド・資料で説明する ・開始前に、参加者の理解度を確認する

　305〜306ページで、スライド例、配付資料例を掲載しますが、スライド例について、2点補足しておきます。

・**時間は、当日微調整するため、スライドには明記しない**
・**リーダー（選出方法など）も、当日の参加者の様子で変えることが多いので、明記しない**

　移動後スライドを見ることができなくても手元で確認できるように同じ内容を配付資料に入れてあります（つまり、こうしたディスカッションの内容も、臨機応変な変更ができないのです）。

◎スライド例：アクティビティの進め方を表示する

写真：Shutterstock

◎配付資料例

ブレイクアウト　ディスカッション

1. 自己紹介

2. それぞれどのタイプだったかの確認

3. 自分のタイプと異なるタイプの意見や見解を知って、どう感じたか共有

4. 研修を行う上で何を示唆するか検討

5. 今後に活かしたいことの共有

9

写真：Shutterstock

テクニック7 使用するツールの使い方を説明する

オープニングでツールの使い方に慣れてもらう

　講師は、練習をしてオンライン研修に臨んでいますので、ツールを使い慣れていることは当然です。しかし、参加者はそうではありません。

　ふだんから使い慣れているとは限りませんし、一度説明したからといって、すべての参加者がそれで使えるようになるわけではないでしょう。

　そのため、次のような方法を行うようにします。

POINT!

◎オープニングでツールの使い方に慣れてもらう

　オープニングで、ツールの使い方に慣れてもらいつつ、参加者の属性がわかるような質問を投げかけたりして、参加者同士の接点をもってもらう

＊使用するスライドの例を308〜309ページに示します（スライド1〜3で操作方法について説明した後、スライド4にスタンプを押してもらいます）

◎スライド例１：ツールの使い方を説明する（音声やカメラをオン／オフする）

◎スライド例２：ツールの使い方を説明する（「コメントを付ける」機能を知る）

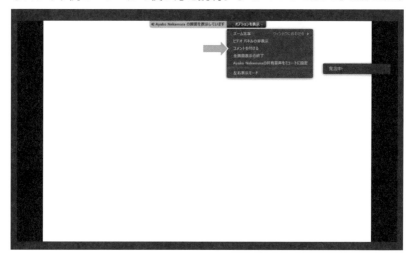

◎スライド例３：ツールの使い方を説明する（zoomでスタンプを押したり、文字入力をしたりする）

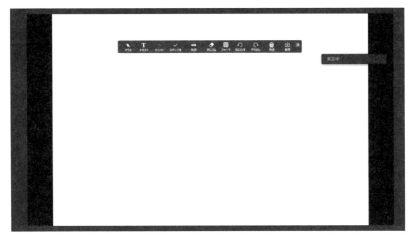

◎スライド例４：ツールの説明をしたうえでアクティビティを行う

> 講師歴　何年くらいですか？
>
> 0 1 2 3 4 5 6 7 8 9 10 11〜15 16〜20 20〜30　30+

　こうした方法を行ったとしても、一度で説明した内容をすべて覚えているとは限りません。時間を置いて、また同じツールを使う際には、再度説

明するようにします。

「では、自分の考えを、ホワイトボードに書き込んでください」

「では、自分の考えを、ホワイトボードに書き込んでください。ホワイトボードへの書き込みは、画面の○○から△△を使って行います」

　OK例のように、短く簡単なもので構いませんので、忘れてしまっている人が思い出せるように説明を加えます。
「すみません。○○ってどこでしたっけ？」という質問を行うことは、参加者にとって、とても勇気が必要なことです。質問を行うことができないまま探しているうちにアクティビティに参加しそびれる……というような体験が続くと、学ぶモチベーションが下がってしまうため、注意が必要です。

事前オリエンテーションを設定する

　また、下記のような場合は、ツールの使い方に関する事前オリエンテーションの場を設定すると効果的です。
　・使用するツールが複雑
　・はじめて使う方が多いことが予測できる
　・ITリテラシーがあまり高くない参加者が多いことがわかっている

　研修の数日前に、使い方の説明と練習を行うためだけの時間を設定するのです。
　これを行っておくことで、研修当日にツールの使い方の説明で研修内容が分断されるような感覚をもつことなく、内容に集中できます。

テクニック8　リーダーはあらかじめ決めておく

リーダーを設定することのメリット

　多くの参加者は「空気を読もう」とするため、小グループに分かれた後は、「誰が最初に発言するか」の様子を探り合い、なかなか対話が進まない状態に陥る場面がしばしばあります。

　それを防ぐために、小グループに分かれる前に、必ず、「最初に発言する人」や「アクティビティでのリーダー」を決めておきます。

　リーダーは、アクティビティやディスカッションの進行をリードする役割のほか、アクティビティ後、発表を求める際には発表をするなどといった大切な役割を担います。

　また、リーダーを設定することで得られるメリットは、ほかにも次のようなものがあります。

◎**リーダーを設定することで得られるメリット**

・個人が挙手して発表するのではなく、チームを代表してリーダーが
　発言することになるため、発言内容について個人が特定されない。
　そのためチーム内で気がねなく発言できるようになる。また、もし
　間違えていたとしても、特定の個人の自尊心が傷つくような状況を
　回避できる

・リーダーは研修に貢献しようと思ってくれるのが自然なので、否定
　的、挑発的など対応に困るような発言があまり出ない

・リーダーは発表することをミッションと感じてくれるため、問いか
　けに対して反応がないという事態にならない

リーダーは固定しない、ランダムに決める

　ただし、リーダーを固定してしまうと、ほかのメンバーの関わりや参画が弱くなってしまいます。そのため、**リーダーは固定せず、アクティビティやディスカッションのたびに交代し、結果的に全員にリーダー役が回ってくるようにします。**

　リーダーを決める際には、参加者に任せるのではなく、以下のような方法でランダムに選ぶようにします。参加者に任せると、日ごろのパワーバランスや経験年数などが影響し、リーダーが固定されてしまうことが多いので、こちらから方法を示します。

　また、こうした方法でリーダーを決めることで、チーム内でいろいろな対話が生まれ、ちょっとしたチームビルディング、参加者間の関係構築にも役立ちます。こうしたリーダー決めの際の会話が、オンラインではなかなかできない雑談の役割をはたすメリットもあります。

　講師がリーダーを指名するのではなく、雑談を楽しんでもらう余裕をもちましょう。

POINT!

◎**リーダーはランダムに決める（決め方の例）**
- ●起きた時間が一番早い人
- ●通勤時間が一番短い人
- ●最近飛行機に乗った人

講師が介入するかどうかを判断する

原則として講師は介入しない

　オンライン研修でグループに分かれてディスカッションやアクティビティを行う場合、講師は各グループに介入したほうが良いのでしょうか？

　どのプラットフォームを使用する場合であっても、基本的な機能として、講師は、各グループに参加したり、順番に様子を見に行ったりすることは可能なものが多いです。「順調に進んでいるかどうかを把握したい」と思うのは、講師として当然のことです。
　対面での研修であれば、さりげなく様子を見て回って、必要に応じて声をかけたり介入したりできますが、オンライン研修では同じことはできません。
　そこでよくとられるのは、講師が短時間で毎回全グループの様子を見に行ったり、グループ数が多い場合はアシスタント講師をアサインして各グループに常駐するという方法です。
　こうした方法は、適切なのでしょうか？

　結論から言うと、**これはあまり適切な方法とは言えない面もあります。**
　理由は、次の３点です。

・学習を妨げる

　まず、講師が各グループに様子を見に行く場合、残念ながら対面での研修のように「さりげなく様子をうかがう」ことは難しくなります。講師がグループに移動してきた場合、「あっ、来た！」と、参加者のみなさんの集中が、講師に集まることになります。それでは、アクティビティやディスカッションをさえぎることになりかねません。
　これは、学習を妨げることにつながる可能性があるでしょう。

・安心して発言することを妨げる

オンラインの場合、対面とは違って、「少し離れた場所でグループの対話を聞く」ということができません。講師の顔が、ほかの参加者と同等に、画面に並ぶことになります。

はたして、これは参加者から見るとどうでしょうか？

「グループ内で話していることを全部、講師が聞いている」ことが、参加者にとっては一目瞭然です。そのため、話す内容に気を使ったり、「間違えてはいけない」というプレッシャーが増したりしやすくなります。中には、「常に講師に監視されている」というイメージを抱く方がいても不思議ではありません。

・主体性・自律性を妨げる

「講師（またはアシスタント）がそこにいる」ということは、「困った時は講師（アシスタント）が何とかしてくれる」という考えにつながるかもしれません。自主性・自律性を高める観点から考えると、そこにいる人に頼る心理が働いてしまうのは不思議ではないことです。

参加者が主体的に学ぶという目的に沿うためには、講師（またはアシスタント）がいつもいることは、残念ながら効果的ではないのです。

介入せずにアクティビティをスムーズに進めるには

ではどのようにすれば良いでしょうか。

まず前提として、オンラインでは、「アクティビティの進め方」をわかりやすく伝えることが欠かせません。その具体的な方法について、前のページまでで8つのテクニックを紹介してきました。

こうした工夫によって、内容を誤解したり、進む方向を間違えたりするグループが出ないよう、ベストを尽くします。

そのうえで、次のようにオンライン上のツールを最大限活用することで、講師の介入を必要としないようにします。

> **POINT!**
>
> ◎**アクティビティをスムーズに進めてもらうテクニック**
> ・残り時間が表示される機能がある場合、その位置、見方を事前に案内しておく
> ・そうした機能がない場合、「〇分間」だけでなく「何時何分まで」と明確に伝える
> ・途中で困った時に講師に連絡する方法を決めておく（例：「ヘルプボタン」を押すなど）

講師の介入が必要な場合

これまで述べてきたように、基本的に、アクティビティやディスカッションの際、講師は介入しません。

特に、自己紹介やお互いが自己開示をして対話してもらうなど、参加者同士の関係構築が大切な場面では、講師は介入しないようにします。

また、今後の実践に向けてのアイデア共有など、「正解」があるわけではなく、自由な発想を尊重したい場合も介入は不要と言えるでしょう。

しかし、たとえば次のページのような場合は、途中で各グループの様子を見に行くと良いでしょう。

全体の場では質問しにくかったことも、少人数のグループ内であれば質問しやすいものです。

なお、そのような場合は、**「講師が途中で様子を見に行くこと」を予告したうえで移動する**ようにします。そうすることで、参加者の学習の妨げを軽減させることができるでしょう。

POINT!

◎**講師が介入したほうが良いケース、介入しないほうが良いケース**

●**介入を行ったほうが良いケース**
・課題解決など途中でガイドが必要になりそうな場合
・10分以上など長い時間設定の時（軌道修正が必要だったり、行きづまったりしている時、終了前に対応することができる）

●**介入しないほうが良いケース**
・参加者同士の関係構築が求められる場面（例：自己紹介やお互いに自己開示をして対話を行う時）
・「正解」があるわけではなく、自由な発想を尊重したい場面（例：今後のアクションプランの共有など）

4-5

アクティビティの
インストラクション

　4-4では、アクティビティを効果的に進めるテクニック
を見てきました。これを参考にしながら、4-5では、アク
ティビティのインストラクションを行う際の8つのステップ
を紹介していきます。この型を使うことで、過不足のない的
確なインストラクションを行うことができるようになるでし
ょう。

　的確なインストラクションは、参加者の学習を促進する働
きがあります。1つひとつ確認していきましょう。

**本項の
Key word**

「効果的なインストラクションの8つの
ステップ」

効果的なインストラクションの8つのステップ

　では実際に、ディスカッションやアクティビティを行う際、スムーズに進行するためにはどのような内容を、どのような順序で伝えると良いでしょうか。

　4-4のテクニック１で、「結論を先に伝える」ことについては述べた通りです。その他、詳しい内容、リーダーの決め方、時間など、アクティビティを行う際は、さまざま伝えることがありますが、それらについてどのような点に注意して、どのような順で話すとわかりやすいでしょうか。

　ここでは、**8つのステップ**に沿って考えていきましょう。

POINT!

◎**インストラクションの8つのステップ**

ステップ１　これから何をするかを言う
ステップ２　具体的な内容を伝える
ステップ３　リーダーを決める
ステップ４　時間を伝える
ステップ５　内容を再確認する
ステップ６　発表の有無を伝える
ステップ７　質問がないかを確認する
ステップ８　送り出す

ステップ1　これから何をするかを言う

「結論を先に言う」というのは、プレゼンテーションにおいても言われる
基本ですが、アクティビティ・ディスカッションのインストラクションに
おいても、同様です。

・これからの時間で何をしてもらうのか
・ディスカッションをするのか、アクティビティをするのか

について、端的に伝えます。

「ではこれから、グループに分かれてディスカッションを
していただきます」

ステップ2　具体的な内容を伝える

　これから何をやってもらうのかを端的に伝えたうえで、ディスカッショ
ンのトピック、アクティビティの内容など、詳しい内容についてのインス
トラクションを行います。

　ここでのインストラクションが伝わらないと、参加者が何をしたらいい
のかよくわからないままグループに分かれることになるため、アウトプッ
トの質が下がり、結果として学習効果が下がってしまうことにもなりかね
ません。

　そのため、参加者にしっかりと理解してもらうことが重要です。

　もし、インストラクションが長くなったり、あるいはやり方・進め方が
複雑だったりする場合は、スライドに同じ内容を投影したり、配付資料に
記載したりするようにします。

「配付資料〇ページの３点について、どれがベストだと思うか、そしてその理由を話し合ってください」

ステップ３　リーダーを決める

　アクティビティやディスカッションの内容を伝えた後は、リーダーを誰に依頼するかを伝えます。

　事前にリーダーを決めることの重要性については、４-４において詳しく解説しました。同様に４-４でも解説したように、リーダーは固定せずランダムに決めていきます。

　決め方のバリエーションは、199ページを参考にしてください。

 「リーダーは、一番最近傘をさした人にお願いします」

ステップ４　時間を伝える

　リーダーを指定したうえで、アクティビティやディスカッションを「何分間で行ってもらうのか」を伝えます。

　なお、オンラインにおけるアクティビティやディスカッションは、対面での研修よりもやや長めに設定します。詳しくは284ページを参照してください。

　プラットフォームによって、残り時間が「表示される」「表示されない」、表示される場合は「どこに表示されるか」なども、必ず事前に確認

して、参加者にも伝えるようにします。

 「ディスカッションの時間は４分です。画面の右上に残り時間が表示されますので参照してください。終了後、30秒経過したらメインルームに自動的に戻ります」

ステップ5　内容を再確認する

　ここで、ステップ２の内容を再確認するようにします。ステップ３、ステップ４でリーダーを決め、時間設定を伝えましたが、それに気がとられて肝心のアクティビティ、ディスカッションの内容を忘れないようにするためです。

　次のように、ステップ２の内容を端的にわかりやすくくり返します。

 「配付資料〇ページの３つからベストを選び、理由を話し合ってください」

ステップ6　発表の有無を伝える

　続いて、終了後の発表の有無および、発表してもらう場合はその方法について伝えます。

　発表をする必要があるのかどうかは、必ず事前に伝えるようにします。リーダーにとって、心の準備になるでしょう。

「終了後、リーダーに各チームの結論をお聞きします。口頭の発表で構いません」

　また、ホワイトボードに意見を記入してそれを共有してもらいながら発表してもらう場合などは、「ホワイトボードを保存する方法」など、使い方に不明点がないか、「どのタイミングで保存してもらうのか」などの確認も、この段階で行っていきます。

　プラットフォームによっては、グループに分かれている際に書き込んだホワイトボードを保存せずにメインルームに戻ると、データが消えてしまうことがあります。こうした設定については必ず事前に確認し、確実に案内するようにしましょう。

　ただし、こうしたツールを使うことは、あくまで手段であって、研修の目的ではありません。保存に失敗したり、うまく使えなかったグループがあったりしても、話した内容を思い出して、口頭でシェアしてもらえば、それで目的は達成します。

テクノロジーに不慣れだったり、うまくいかなかったりしたことが、嫌な体験にならないように、参加者を励ましながらファシリテーションを行うことも、とても大切です。

ステップ7　質問がないかを確認する

　ここまでで一通りの内容を説明したら、グループに分かれる前に質問がないかどうかを確認します。グループに分かれた後は、講師とのコミュニケーションがとりづらくなるため、必ず確認の時間をとるようにします。

「移動する前に確認したいことがある方はいらっしゃいませんか？」

ステップ8　送り出す

ここまでのステップを踏んだ後で、参加者を各グループに送り出します。ポジティブなトーンで送り出しましょう。

「ではお願いします！」

◎インストラクションの8つのステップ

ステップ	内容	セリフ例	ポイント
1. これから何をするかを言う	ディスカッションなのかアクティビティなのか、今から何をするかを端的に伝える	「ではこれから、グループに分かれてディスカッションをしていただきます」	結論を最初に言う
2. 具体的な内容を伝える	ディスカッションのトピック、アクティビティの内容などを伝える	「配付資料○ページの3点について、どれがベストだと思うか、そしてその理由を話し合ってください」	長い、あるいは複雑な場合はスライドや配付資料に記載する
3. リーダーを決める	リーダーを誰に依頼するかを伝える	「リーダーは、一番最近傘をさした人にお願いします」	リーダーは固定せずランダムに
4. 時間を伝える	何分設定するかを伝える	「ディスカッションの時間は4分です」	表示がない場合、終了時刻を伝える
5. 内容を再確認する	2の内容を再確認する	「配付資料○ページの3つからベストを選び、理由を話し合ってください」	リーダー決めや時間を聞いて、内容を忘れていることがないように確認する
6. 発表の有無を伝える	終了後に発表してもらうかどうか、発表方法などを伝える	「終了後、リーダーに各チームの結論をお聞きします。口頭の発表でOKです」	発表するかどうか心の準備になる。ホワイトボードを保存するなどツールを使う場合はその使い方に不明点がないかの確認も行う
7. 質問がないかを確認する	移動する前に質問がないかを確認する	「移動する前に確認したいことがある方はいらっしゃいませんか?」	移動後は講師とコミュニケーションをとりにくいので、必ず確認する
8. 送り出す	送り出す	「ではお願いします!」	ポジティブなトーンで

4-6

問いかけ・質疑応答

　これはオンラインに限らず対面においても同様ですが、講師の「問いかけの質」は参加者の学習の効果を大きく左右します。学習をより効果的なものにするために、「問いかけ」には十分な考慮が必要です。

　また、研修においては欠かせない、「質疑応答」の進め方についてもあわせて確認していきましょう。

参加者主体のオンライン研修のファシリテーション

本項の Key word

「問いかけの質」
「質疑応答」

オンライン研修における「問いかけ」

なぜリアクションが何もないのか

　問いかけの質が学習効果を左右することについては、前著『研修ファシリテーションハンドブック』においても、多くのページを割いて紹介してきました。

　ここでは、特にオンライン研修において、参加者に問いかけて、発言やリアクションを求める際、どんな点に注意すれば良いかを考えていきましょう（前著『研修ファシリテーションハンドブック』は対面を前提にしていますが、問いかけの質を高めるうえでは参考になる内容を数多く紹介しています。ページに限りがあるため、ここでは最小限の解説に留めますが、さらに深めたい方は、『研修ファシリテーションハンドブック』をあわせて参照してください）。

　まず、オンライン研修おいて、避けたいのが、このような場面です。

　講師　　「○○について、何かご意見のある方いらっしゃいませんか？」
　参加者　「……」（シーン）

　そもそも、対面の研修においても、このような問いかけはあまり推奨はしません。しかしそれでも、対面であれば、しばらくして誰かが空気を読んで、「あ、はい……」と手を挙げてくれたり、講師が誰かを指名して発言を促したりして、研修を進めていくことはできるでしょう（なお、参加者主体の研修では、こうした突然の指名は避けるべきものだと考えています）。

　一方、オンライン研修では場の空気を読めません。そのため、参加者の立場になると、このような場面で発言をするのは非常にハードルが高いものなのです。このことは、くり返し述べてきました。

つまり、「○○について、何かご意見のある方いらっしゃいませんか？」という問いかけは、推奨できないものなのです。

その理由は、次の2点にまとめられます。

◎**この問いかけが推奨できない理由**
- ●講師対1人の参加者の対話になり、全員を巻き込めていない
- ●挑戦的、批判的など、ネガティブな発言を誘発するリスクが高い

こうした問いかけを避け、効果的に学習を進めていくために、問いかけをする目的や場面、使うツールについて、次のようなガイドラインで整理し、準備しておくと良いでしょう。

クローズドクエスチョンのガイドライン

まず、クローズドクエスチョンの活用についてです。

クローズドクエスチョンとは、「はい／いいえ」のいずれかで回答してもらったり、「単語ひと言」で答えてもらったりするなど、こちらが選択肢を提示して選んでもらう形式のものです。

たとえば、次のようなものです。

◎**クローズドクエスチョンの例**
- ● 「この空欄に入る数字は何でしょう？」
- ● 「これは正しいですか？」
- ● 「○○について、自信を1〜5で表すとどれくらいですか？」
- ● 「ABCどれが正解だと思いますか？」

クローズドクエスチョンは、次のような場面・方法で活用すると良いでしょう。

◎クローズドクエスチョン使用のガイドライン

【使う目的、場面】
- ●4分ごとの参画など短時間で参加者のリアクションを求める
- ●理解の確認など、リビジット
- ●これから説明する内容について、予測する
- ●参加者の傾向を講師が把握する
- ●取り組む課題を選択する

【使うツール】
- ●画面にスタンプを押す
- ●画面に単語を書き入れる
- ●チャットにひと言入力する
- ●「挙手」など反応機能で示す
- ●アンケート・投票機能で回答する

オープンクエスチョンのガイドライン

　一方、オープンクエスチョンとは、クローズドクエスチョンとは違って、相手の答え方や内容が自由（オープン）である質問です。
　具体的には次のようなものです。

◎オープンクエスチョン例
- ●どのようなリスクがありますか？
- ●学んだことを、どう活用しますか？
- ●〇〇についてどんなメリットがあると考えますか？
- ●ほかにどんな方法が考えられるでしょうか？

オープンクエスチョンは、次のような場面・方法で活用すると良いでしょう。

POINT!

◎**オープンクエスチョン使用のガイドライン**

【使う目的、場面】
- ●理解を深める
- ●学びを自分に当てはめて落とし込む
- ●評価や判断を行う
- ●考え、アイデアを発散させる

【使うツール】
- ●個人ワークで考える時間を設ける
- ●ホワイトボードに、アイデアや意見をみんなで書き込む
- ●グループに分かれて、数人でディスカッションをする

オープンクエスチョンの注意点

　オープンクエスチョンを使用する際は、「オープンすぎて何を答えていいかわからない」「何でも言えるのでネガティブなコメントが出てくる」などをできるだけ回避し、前向きで具体的な話になるように問いかけます。
　特にオンライン研修において、グループに分かれてディスカッションをしている場合、講師は全グループの対話をさりげなく聞いて回ることができません。途中で方向がずれたり、ネガティブな方向に進んだりしても、それを把握できないことが多いのです。
　ディスカッションの時間が終わって、全体共有してもらう時にはじめて、ディスカションがネガティブな内容に終始していたことが発覚すると、対応がとても難しくなります。
　対話がポジティブで、具体的、建設的に進むような問いかけを用意する

ために工夫しましょう。

 ・「これについての感想を自由に話し合いましょう」
・「〇〇について、どう思いますか？」
・「〇〇に対しての意見をどうぞ」

 ・「ここまでの内容で、最も重要だと感じた点は何ですか？
またその理由は何ですか？」
・「〇〇について、重要だと思った点を３点あげてください」
・「〇〇について、自分の仕事に活かそうと思うことは何
ですか？　具体的にどのように実践しますか？」

質疑応答

「何か質問はありますか？」はNG

対面の研修でも、「何か質問はありますか？」と問いかけて、「はい！」と発言するのはハードルが高いと感じる人が多いものです。

オンラインにおいては、ますますそのハードルが高くなります。

たとえ問いかけをしたとしても「……（シーン）」というリアクションになる可能性が高いため、**「何か質問はありますか？」は対面での研修ではもちろんのこと、オンライン研修においても、NGワードです。**

ではどのようにすれば良いでしょうか。

チャットを使用する

オンライン研修でよく使われているのは、チャットです。

「質問があればいつもでチャットに書き込んで良い」という旨を、研修開始後の早めのタイミングで伝えておきます。音声より気軽に質問しやすいため、有効なツールのひとつです。

なお、この方法を使う場合は、次の点に注意します。

◎**チャットを使って質疑応答を行う場合の注意点**
- ●講師は研修全体の進行に集中するため、チャットを見逃すことがある
- ●参加人数が多い場合など、質問の数が多くなると、対応しきれない

この方法を用いる場合、プロデューサーとの連携がポイントになります。

プロデューサーには、チャットに書かれたコメントすべてを必ず確認し

てもらい、質疑応答のタイミングで、チャットに挙がっていて解決していない質問をとりあげてもらうようにします。

それでも数が多くて対応しきれないような場合は、時間制限を設けると良いでしょう。

「これから３分間、質問をチャットで受け付けます。３分で受付終了です」

この方法を用いる際は、「質問を受け付けるタイミングは〇時ごろ設けるので、それまで手元にメモするなどしておいてください」という案内を事前に行っておきます。

こうした時間制限を設けることは、他にもメリットがあります。

それは、「チャットが常にちかちかしていると、気になってしまう」「気が散る」という事態を避けることができる点です。

チャット以外の方法

チャット以外に質問を受け付ける方法としては、以下が有効です。

POINT!

◎その他の質疑応答の方法

- 休憩時間にホワイトボードを用意して質問を書き込めるようにしておく
- アンケート機能や、UMUを使って、いつでも質問を書き込むことができるオンライン上のスペースを用意し、案内しておく
- 質疑応答の時間の最初に、数分間グループに分かれて、質疑応答で質問したい点を挙げてもらう。その後、全体の場で、リーダーが各グループから出たことを質問する

4-7

プロデューサーの役割

　第4章では、オンライン研修を効果的に運営するために欠かせないファシリテーターのテクニックについて検討してきました。参加者主体の研修では、ここまで述べてきたような運営を、講師1人ではなく、「プロデューサー」とともに行うことを推奨しています。プロデューサーという役割を置くことで、研修の運営や参加者のサポートが、よりスムーズになるためです。

　では、「プロデューサー」には、一体どのような役割を担ってもらうのが効果的なのでしょうか。以下で検討していきましょう。

本項の Key word

「プロデューサー」
「プロデューサーの意義」
「役割分担」

なぜプロデューサーが必要なのか

プロデューサーとは

　オンラインで研修を行う際、とても大切な役割を担うのが「**プロデューサー**」です。

　講師が研修の内容とファシリテーションに集中し、研修をスムーズに進行するためには、欠かせない存在です。

　そこで、第4章の最後に、プロデューサーとは何をする人なのか、講師とどのようにコラボレーションをしていくのが効果的かをまとめます。

　まずは、プロデューサーの役割についてイメージを深めてもらうために、対面での研修に置き換えて考えてみましょう。

　たとえば、公開研修・セミナーを開催するとします。

　その場合、講師が1人ですべての仕事を行うのでしょうか？

　スムーズな進行のために、おそらく次の業務は、誰かに分担してもらうことが多いのではないでしょうか。

●事前準備
・告知
・申込み対応など当日までの受付業務
・教材手配
・会場手配
・事前課題や当日の案内を送る

●当日のサポート
・会場設営・対応
・受付業務
・お弁当やリフレッシュメントの対応
・参加者対応（会場案内など）

●終了後
・メールなどでフォローアップする

　もちろん、状況によっては講師がこれらの業務を自ら行うこともあるでしょう。しかし、たとえば20名の参加者がいる公開研修で、これをすべて講師が１人で行うという発想は、あまり現実的ではありません。

オンライン研修は講師１人で行うもの？

　では、オンラインではどうでしょうか？
　告知や申込み対応など集客面や、受付などは別として、運営面に焦点を当てた時、オンラインでは336ページのように置き換えて考えることができます。
　対面での研修同様、オンライン研修においても、これらをすべて講師が１人で行うのではなく、分担してもらったほうが、ずっとスムーズなのはイメージしていただけるのではないでしょうか。

◎オンライン研修の仕事の一部（例）

対面での研修	オンライン研修
会場手配	プラットフォームの機能・ツール確認、準備
会場設営・対応	プラットフォームの当日の運営
当日の受付業務	参加者のログインのサポート
お弁当やリフレッシュメントの対応	—
参加者対応（会場案内など）	ツールの使い方のサポートなど
終了後のメールなどでのフォローアップ	同様のフォローアップ

研修の目的を達成するために

　たとえば、対面での研修で、途中で気分が悪くなった方がいた場合、どのように対応するでしょうか？

　講師がその参加者のケアをすると、研修が中断することになります。こうした場合、会場側のスタッフや事務局と連携してサポートをするのが一般的だと言えます。

　これはオンライン研修においても同様です。

　たとえば、インターネットの状態が不安定で、途中で回線が切れてしまう方へのケアは、講師が行うべきでしょうか？　こうした**参加者へのケアを別の誰か（プロデューサー）に任せられるからこそ、講師は研修の内容に集中できます。**

　また、オンライン研修特有の問題として、プラットフォームの面からも考えてみましょう。

　ふだんよく使うものであれば、講師も運営に慣れていくことができます。しかし、研修の依頼元によって、よく使うものとは別のプラットフォ

ームをリクエストされることがあります。

　そうした場合、講師がゼロからそのプラットフォームについての理解を深め、研修デザインを作成し、教材・スライドなどを作成し、運営までを行うのは、とても負担が大きいと言えます。

・プラットフォームの機能やツールの確認
・外部アプリを使うのであればその準備

などの仕事は、プロデューサーに任せて、講師は研修の内容に集中したほうが効率的だと言えるでしょう。

　たとえば著者（中村）の場合、本書執筆時点では、Zoomは使う頻度がもっとも高いので、かなり慣れました。しかし、リクエストを受けてTeamsなどを使うこともあります。その場合、クライアント側の設定によって制限がかかっているケースもあり、研修のたびに状況が異なります。また、外部アプリを使うことが多いため、その動作確認や準備も必要です。こうした仕事を、講師が全部行うのはかなり困難であると感じています。

　プロデューサーと分担をすることで、講師は研修内容の準備に集中できるのです。

　対面での研修で言えば、ふだん使う会場であれば勝手がわかり、（時間さえ十分にとれれば）会場設営を講師１人でもできるかもしれませんが、はじめて使う会場は下見が必要だったり、その会場の持ち主のサポートが必要だったりするのと同じ感覚だと言えるでしょう。

　講師の一番の役割は、ビジネス上の成果につなげるという研修の目的を達成するために、参加者に効果的に学んでもらうこと。**その目的を達成するためには、必要なサポートを得て、講師が注力すべきことに注力できる状況をつくることが大切なのです。**

プロデューサーの役割

プロデューサーの仕事

　著者（中村）の場合、オンライン研修において、主に次のページの仕事をプロデューサーに担当してもらっています。

　なお、公開での研修ではなく、社内での研修の場合、社内の担当者に一部の役割を担ってもらうこともできるでしょう。
　また、外部講師として研修を行う場合、クライアントのプラットフォームを使用することもあります。その場合は、ログインや小グループの設定などは、クライアントの担当者にお任せしたほうがスムーズなことも多いものです。

　しかし、担当者が必ずしもテクノロジーに詳しいわけではないかもしれません。また、研修内容については、講師側のほうが当然よく理解しています。その場合、講師側が使おうと準備しているアプリなどは、講師側のメンバーが対応したほうが、準備を含めた進行が、よりスムーズで効率的になるのではないでしょうか。

　なお、社内での研修において、参加人数が５～６名など少人数の場合は、講師１人でも対応可能であるかもしれません。
　しかし、**10名を超えるような場合は、社内研修であるか、それとも外部講師としての研修であるかにかかわらず、プロデューサーは必須だと考えます。**

POINT!

◎プロデューサーの役割

　講師がスムーズに研修を進行できる状態、参加者が提供されるコンテンツに集中できる状態をつくるために、講師・参加者のサポートを行う

◎プロデューサーの仕事

●研修前（準備）
・メインのプラットフォームの設定、制限の確認など準備、リハーサル
・メインのプラットフォーム以外に外部アプリを使用する際の準備

●研修当日
・参加者のログインサポート
・小グループ（ブレイクアウトルームなど）の設定
・小グループ（ブレイクアウトルームなど）とメインルームの間の移動のサポート
・メインのプラットフォームが快適に使えているかのモニタリング、トラブル対応
・メインのプラットフォーム以外に外部アプリを使用する際の運営
・ツールの使い方がわからない方への個別サポート
・インターネット環境が不安定な方への個別フォローアップ
・ツールの使い方などテクニカルな質問への対応
・場面によって、講師が内容に集中できるようなスライド操作
・チャットに入力されたコメントなど、講師が全部読み切れていない場合の対応
・後にシェアするスライドやホワイトボード、チャットデータの保存

●研修後
・チャットの内容や保存したデータをシェアする

プロデューサーは研修のオンライン化によって生まれた
新しい職業？

つい先日、著者（中村）が、プロデューサーの存在に心の底から感謝をした出来事がありました。

ある日、クライアント先でのオンライン研修中に、私の自宅すぐ近くの消防署から、けたたましいサイレンと、大音量のアナウンスが響き渡りました。

どうやら地域的な試験放送だったようです。

しかし、あまりの大音量で、思わず自分の音声をミュートにし、「サイレンが鳴り響いています」と、チャットで参加者のみなさまに、まずは状況をお伝えしました。

数秒、様子を見てみましたが、「試験方法のため、同じ内容をくり返すかもしれない……」と予測できました。しかし、研修のタイムスケジュールとしては、休憩をとるタイミングではなく、ディスカッションやアクティビティでも、個人ワークでもなく、講師が話をする場面でした。

この試験放送がいつまで続くかはわかりませんが、参加者のみなさまにこのまま待っていただくわけにもいきません。そこで、スライドを次のページに進めてみました。

すると、状況を判断したプロデューサーが、そのスライドで私が行う予定だった説明を行い、話をつないでくれたのです。試験放送が終わり、私が音声を復活させるまでの2分間ほど、見事に場を進めてくれました。

状況を的確に判断し、研修の運営をスムーズに行うためのすばらしいサポートに、心から感謝をしました。こうした緊急の対応は、研修内容を理解してくれているからこそ可能になることです。

オンライン研修における「プロデューサー」という仕事は、研修の急激なオンライン化によって新しく生まれた職業と言えるかもしれません。

AIに置き換えられたり、自動化で必要なくなったりする職業も多いと言われたりする世の中ですが、状況を見て臨機応変なサポートをしていくプロデューサーは、新たなニーズに対応するために生まれた、人間だからこそできる仕事なのではないでしょうか。

第5章

困った場面と
その対処法

5-1

困った場面とその対応法

　ここまで、参加者主体のオンライン研修を行うために必要な考え方、スキルについて、基本原理、デザイン、ファシリテーションに分けて見てきました。ここまでに述べてきたことを参考に、デザインをつくり上げ、事前準備を行い、プロデューサーとともにリハーサルを行えれば、研修の学習効果を飛躍的に高めることができるでしょう。

　最終章の第5章では、多くの講師から寄せられる「質問」や「困った場面」についての対処法をまとめます。これまでの復習を兼ねて、「自分ならばどうするか」を考えながら読み進めてきましょう。

本項の Key word

「困った場面への対処法」

研修デザインについて

1．どうしても一方的に話してしまう

　本書でくり返して述べてきたことですが、伝えたからと言って相手が学んだとは限りません。

　まずは、次のことに力を入れて、研修をデザインすることにチャレンジしてみてください。

　・研修を行う目的を明確にする
　・「90/20/4」の法則を取り入れる（3-2）
　・「CSR（コンテンツ、参画、リビジット）」を取り入れる（3-3）

　講師が一生懸命伝え、その時は理解してもったとしても、記憶に残っていなければ意味がありません。**「自分が何を伝えるか」**ではなく、**「研修が終わった後の参加者にどんな成果を出して欲しいか」**に焦点を当てて、デザインを行いましょう。

2．反応がないと話しにくい

　オンライン研修では、参加者は物理的に同じ部屋にいません。ビデオを通して参加者の様子を見ようとしても、無理があります。

　次のようなオンラインツールを活用しましょう。

　・投票
　・アンケート
　・チャット
　・ホワイトボード　など

対面の研修でも、「質問したり発言したりすることに抵抗がある」と感じる方はいるものです。むしろ、こうしたオンラインツールを使って、文字で、匿名でコミュニケーションするほうが「話しやすい」と感じる人は決して少なくないのです。

　まずは、こちら側の固定観念を取り除きましょう。

3．配付資料は手元にあったほうが良いと思うが、印刷したものを送ることができない

「手書き」をすることで、記憶に留まりやすくなるというメリットがあります。一方で、書いてもらうためには、事前に送付したり、参加者にプリントアウトしてもらったりする必要があります。これは、オンライン研修で、講師が抱えるジレンマのひとつです。

　PDF送付は、現実的な方法だと言えるでしょう。

　ただし、参加者が自宅から参加するようなケースだと、大量のプリントアウトができないことが多い点への考慮が必要です。

　たとえば、次のような方法をとり、プリントアウトして欲しい量を最小限にすることがお勧めです。

◎**資料を分けて送付する**
- **ワークシート：研修中に活用するため、プリントアウトしておいてもらう**
- **参照ページ：ダウンロードしてもらい、必要に応じて参照してもらう**

4．アクティビティのネタが思いつかない

　オンライン研修では、対面での研修と同等かそれ以上に、「アクティビティ」が重要な役割をはたします。参加者の集中力を高め、巻き込み続け

るために、さまざまなアクティビティを考え、取り入れることをお勧めします。

　本書でもいくつか具体的な方法をお伝えしてきましたが、他にも多くのテクニックがあります。そのひとつのヒントとして、『オンライン研修アクティビティ』（日本能率協会マネジメントセンター刊）を活用してください。

　同書は、本書の著者ボブ・パイクの娘で、ボブ・パイク・グループの現CEOのベッキー・パイク・プルースがまとめたものです。「参加者主体の研修」をベースにしながら、豊富なオンライン研修の経験をもとにまとめた、とても使いやすいテクニック集です。

　本書を通して、デザインとファシリテーションの基本をつかんだうえで活用いただくと、より学習効果を高めることができるでしょう。

5.「一部の参加者はオンライン、ほかの参加者は対面で……」というリクエストを受けた

　まず、オンラインと対面では、研修のデザインやファシリテーションの方法が大きく異なることを、企画者に理解してもらう必要があります。

　研修は講師の講義を配信するだけではないことは、本書でくり返しお伝えしてきた通りです。そのため、オンラインにするのか、対面にするのか、どちらか一方を選択してもらうよう交渉するようにします。

　それでもどうしても無理な場合、対面での参加の方も、オンライン参加の方も、どちらも巻き込んで研修を行うことができるよう、ツールや参画方法を綿密に計画します。

　たとえば、次のような方法が考えられます。

こうしたタイプの研修の運営は、非常に複雑になります。そのため、講師1人で行うのではなく、プロデューサーやアシスタントの協力を得て、チームで運営していきます。

テクニカル面（講師側）

6．手探りでやってはいるものの、オンラインプラットフォームを使いこなせる自信がない

「とにかく練習するのみ」です。

協力してくれる仲間がいれば、みんなでミーティングを立ち上げ、ツールを使う場を開催するなどして、使い方の練習をしましょう。仲間を見つけるのが難しければ、パソコン、スマートフォン、タブレットなど、とにかくあらゆるデバイスを使ってログインし、1人で行うこともできます。

7．使ったことのないプラットフォームでの実施を依頼された

まずは、次の点について確認、検証します。

・どんな機能があるのか

・どんな設定が必要なのか

・予定しているアクティビティを行うことが可能かどうか

そのうえで、可能であれば、使い方を練習し、慣れておくようにします。

それが難しいようであれば、ほか（外部アプリなど）のツールを使ってできるかを検討すると良いでしょう。

ここで書いたことについて、講師自身ですべて対応することが難しいと感じた場合は、プロデューサーとともに研修に臨むなど、チームで対応することを検討します。

8. インターネットの接続や機器類など、予期せぬトラブルに対応できるか不安がある

まず、インターネット環境に関しては、オンライン研修を行ううえで必要不可欠なインフラです。できる範囲での投資を行い、安定して配信できる環境を整える必要があります。

また、パソコンのスペックを高くしたり、新しいものに替えたりして、安定した操作ができるようにすることも重要です。

そのうえで、常にすべてのことに対して、バックアップを用意します。

たとえば、講師は、2台のパソコンでログインし、1台にトラブルが起きたらすぐにバックアップで継続するようにします。なお、2台目のパソコンは、参加者にどう見えているかを確認するうえでもとても重要なものです。

そのほか、パソコン以外にも、イヤフォン、カメラ、回線などについて、すべてバックアップを用意し、手の届くところに準備しておきます。そして、何かあった際は瞬時に切り替えられるようにしておきましょう。

9. 自分のカメラ映りが気になる

　オンライン研修の場合、講師の顔がアップになって画面に映ることもあります。そのため、対面より近い距離で顔を見られるつもりで準備をする必要があるでしょう。

　内蔵カメラでも十分ですが、その場合、パソコンを台に載せるなどして高さを調節し、カメラが自分の目線の高さに来るようにしましょう。カメラが下にあると、下から顔を映し出すことになるので、お勧めしません。また、窓を背にせず、顔に光が当たるようにします。明るさが足りない場合は自分の前にライトを置きましょう

　また、服装については、多くの方が感じているように、上半身しか見えていない時間がほとんどです。ですが、エナジャイザーで立ち上がることもあるので、油断は禁物です。

　自宅から参加する方が多いため、参加者の服装は対面での研修よりも、カジュアルであることが多いように感じます。そうした中で、講師があまりにフォーマルだと、参加者の服装とのギャップが大きくなりすぎるので、ややカジュアルなものにするなど、参加者にあわせて調整することをお勧めします。

　また、服装は、実際に見るのとカメラを通して見るのとでは印象が変わることがあります。たとえば、ストライプ柄などは、写真に撮影するとチカチカして見えたりして印象が変わるため、避けるように言われることが多い柄です。実際にその洋服を着てログインしてカメラ映りを確認したり、録画をして確認したりしましょう。

10. 講師はリモートで、参加者は集合している

　この場合、講師は同じ空間にいませんが、参加者同士は対面でディスカッションができる環境にあります。

　見方を変えればこれはオンライン研修ではなく、対面研修です。

　次のような事前準備を整えさえすれば、対面での研修と同様のデザイン

が可能です。

- ・配付資料の事前送付
- ・ホワイトボードの設置
- ・文房具などの準備

　対面での研修のデザイン、ファシリテーションについては、拙著『研修デザインハンドブック』『研修ファシリテーションハンドブック』（日本能率協会マネジメントセンター刊）などを参照してください。

テクニカル面（参加者側）

11. 参加者の環境が心配

　インターネットが不安定な人がいたり、映像や音声が途切れる人がいたりすると、ほかの参加者も気になってしまうことがあります。オンライン研修が始まった当初に比べると、参加側もかなり慣れて、こうしたトラブルはだいぶ少なくなってきたように感じます。
　しかし、それでも不慣れな方が多かったり、心配があったりする場合は、次のような対策を講じると良いでしょう。

◎参加者の環境に不安がある場合の対処法
- ●事前に接続テストを行ってもらう
- ●事前オリエンテーション（接続して、使い方を確認するセッション）を行う

---

12. 参加者の属性的に用意しているツールが使えるかどうか不安

　ツールの使い方は、どういった参加者であっても、必ず説明します。若い参加者であれば全員使えるというわけではありませんし、年齢が高いからといって使い方を知らないわけでもありません。

　ただし、ツールの説明だけの時間を使うと、知っている人にとっては無意味な時間になってしまう点には配慮が必要です。そこでお勧めしたいのは、研修のオープニングで、その日使う予定のツールを紹介しながら、アクティビティに参加してもう方法です。

　たとえば、次のような方法を使って、ツールの使い方を説明しながら、参加者を巻き込んでいきましょう。

◎**ツールの説明をかねたアクティビティ（例）**
- 参加者の属性が把握できるような問いかけをする
- アンケート、投票、チャット、ホワイトボード、スタンプを押すなど、その日に使うツールを使用して回答してもらう（この時、使い方をしっかりと説明する）

---

13. スマートフォンやタブレットからの参加者がいる

　スマートフォンやタブレットの場合、パソコンで使える機能がすべて使えるとは限りません。それに、見え方や操作方法が違うことがあります。そのため、事前にスマートフォンやタブレットでログインし、確認し、説明できるようにしておきましょう。

　また、研修中の対処法として、「チャットでも音声でもどちらでもいい」など、ツールの選択肢を提示することも大切です。使っているデバイスや環境によって、使いやすいツールが異なるため、1つに限定してしまうと参加しにくくなる人が出てしまう可能性があることに配慮しましょう。

参加者への対応

14. 参加者の様子が見えず、伝わっているかわからない

まず、ビデオを通して参加者の様子を確認するのは、限界があります。そのため、視覚情報で参加者の様子を確認しようとせず、発想を変えましょう。たとえば、次のような方法をとることができるでしょう。

> ◎参加者の理解度を確認する方法
> ●進行ペースや理解度を、アンケートで確認する
> ●進行やペースについて、ホワイトボードにスタンプを押すことでリアクションを求める

15. 参加者との関係構築がしにくい

まず、講師の魅力や話術で参加者を引きつけようというマインドから、脱却しましょう。参加者には、講師であるあなたに興味をもってもらう前に、内容に引きつけるのです。

オンライン研修では、講師はどんなに魅力的な人でも、画面越しの小さな枠の中です。これについて、アメリカでよく聞く表現に「ハリウッドスターじゃないんだから……」という言葉があります。「小さな枠に入った映像で、見る人を魅了するなんて、ハリウッドスターであればできるだろうけれど……」という意味です。

内容に興味をもち、学ぶことへのモチベーションが高まれば、参加者はプロセスに参画してくれます。そのうえであれば、講師との対話、参加者同士の対話もいとわないでしょう。

16. ディスカッションが活発ではない、対話が進まない

　グループに分かれる前に必ずリーダーを決めておきます。リーダーは責任を感じるので、対話を進めてくれるでしょう。

　また、話し合いの前に、個人で考える時間を設けることも有効です。これは、考察タイプの方には特に重要な時間です。それがないままディスカッションに入ると、考察タイプの方は考えたいので発言が進まないということが起きがちです。

17. 想定外のコメントや挑戦的な質問がくる

「なるほど、そういうご意見もありますね」などと、まずはいったん受け止めます。そのうえで、その発言に至った前提条件などを確認します。
「どういう状況だとそれが起きそうですか？」などといった具合です。

　最初からすべてを否定するのではなく、具体化することで、「ある条件下では同意できる考え」であれば、その点については同意し、観点を変えれば異なることを再確認します。

　なかなか折り合いがつかないような場合には、研修終了後に残ってもらえるかどうかを聞いても良いでしょう。そして実際、終了後にじっくりと個別にお話をします。

18. 寝ている、明らかに研修に集中していない参加者がいる

　そもそも眠くならないよう、「90/20/4の法則」にのっとったデザインにし、エナジャイザーを適宜用意しておくのは大前提です。

　そのうえで、寝ている人がいるようであれば、以下を行います。

明らかに寝ている人がいる場合の対応

- アクティビティを行い、「終了したら、カメラをオンにして立ってください」と伝える
- ホワイトボードにコメントを書いてもらう際、名前を書いてもらうように依頼する（寝ていて書いていない人がいたら、「○○さん、コメントお待ちしています！」と声をかける）
- ペアでチャットする、もしくは2人でブレイクアウトルームに行くなど、ペアワークを行う

19. 発言するけれどポイントがずれている

　まずこれが起きるのを防ぐために、個人を指名して発言を求めず、グループで話した内容を全体で共有する方法を基本とします。

　また、ホワイトボードやチャットへの書き込みを求めた際に、ポイントがずれている場合は、その人自身も、ほかの人の内容とずれているのが文字化されて見えるので、自ら気づくきっかけになることも期待できます。

20. 同じ人ばかり発言する

　グループに分かれ、リーダーを決め、リーダーを固定しない運営を続けると、かなり回避できます。

　それでも同じ人が何度も質問するような場合には、質疑応答のタイミングを決め、その時にまとめてしてもらうなどの案内をします。

21. 講師を質問攻めにする

　全体の進行に影響が出るようであれば、休憩時間に個別にブレイクアウトルームを設定する、もしくは終了後に回答する方法を提案しましょう。

　私と中村文子の共著の本を、今回はじめてお読みいただいた方もいらっしゃることでしょう。「早く実践したい！」という想いに駆られながら各章を読み進めてくださったことを願っています。

　私も中村も、オンライン研修であっても対面の集合研修と同様に、参加者をエンパワーし、インスパイアし、必要な知識やスキルを身につけてくれることに注力してきました。「参加者主体の研修手法」は、研修がオンラインであっても対面の集合研修であっても、変わらず、常に参加者を巻き込み、参加者の主体的な学びをサポートします。

　これまでのすべての著書、デザインし実施したすべての研修、そして担当したすべてのコンサルティング案件において、私たちのゴールはいつも、価値を提供し、違いを生むことでした。本書でもそれが達成できることを願ってやみません。

　本書に書かれている内容を実践し、そしてもしよろしければこれまでのシリーズ4冊もお読みいただき、どうか実践なさってください。

　そして、これまでの著書もお読みいただき、実践してこられたみなさまにとっては、本書は迷うことなくご購入いただけたのではないでしょうか。これまでの4冊をお読みいただいたことに感謝するとともに、学びを実践して成果に違いを生んでくださっていることを願っています。

　本書をきっかけに、ぜひこれまで以上の価値を生み出してください。

　私たちの住む世界は、一年前に大きく変化し、私たちに選択肢はありませんでした。生き残るためには、変化に対応するしか道はなかったのです。研修に参加する人が劇的に変わったわけではなく、参加者との関わり方が変わったのです。

　どのような変化が起きようと、講師であるみなさんのお役に立ち続けた

いという私たちの想いは変わりません。本書もその一端を担えていれば光栄です。本書を手に取り、一緒に前進してくださることに心から感謝を申し上げます。

　みなさんが本書の内容をどう実践し、どんな成果を出していくか、また、コメントやご質問などもお聞かせいただけるのを楽しみにしています。

God bless you all.
Bob Pike

　冒頭にも述べましたが、オンライン研修は、私にとっても新しい分野でした。まず自分自身が学び、経験を蓄積し、本書をまとめるということを、たった１年で行うことができたのは、支えてくださった多くの方のおかげです。

　相変わらずの寛大さで、私が日本語で書く原稿を全面的にサポートしてくれるボブ。この文章を書いている2021年３月現在、実はボブは闘病しています。苦しい時もある中でも、温かいサポートを続けてくれ、講師養成を自分の天職としているボブに、今は私たちから応援のエネルギーを贈りたいと思います。

　そして、まとめきれていない原稿を、本当に見事な編集で本としてまとめてくださった、日本能率協会マネジメントセンターの柏原里美さん。今回も、柏原さんの力がなくては、この本は完成しませんでした。

　さらに、走り続けたこの１年を、プロデューサーという役割で支えてくれた、足立美穂さんと伊藤史紀さん。「お２人がいなかったら……」と、想像することもできないほどのサポートをいただきました。また、足立さ

んには、本書のプロデューサーに関する内容についてもお手伝いただきましたし、ベッキーの著書『オンライン研修アクティビティ』の翻訳もご担当いただきました。本当にありがとうございました。

　そして今回もまた、パソコンの前や中にいる人物をたくさん描き、素敵なデザインにしてくださった玉村幸子さん。今回も、心が躍るデザインをありがとうございました。

　そして最後に、私を公私ともに支えてくれている家族（夫と犬たち）。この1年間、ずっと在宅だったので、24時間ずっと一緒にいたように思います。大きな変化をともに過ごし、別室待機など新しいルールを学び、支えてもらっていることに心から感謝しています！

2021年3月　中村文子

参考文献

- 『アクション・ラーニング』（デービッド・A.ガービン著、沢崎冬日翻訳、ダイヤモンド社）
- 『企業内人材育成入門』（中原淳他著、ダイヤモンド社）
- 『クリエイティブ・トレーニング・テクニック・ハンドブック』（ロバート・パイク著、中村文子監訳、藤原るみ翻訳、日本能率協会マネジメントセンター）
- 『経営学習論』（中原淳著、東京大学出版会）
- 『研修アクティビティハンドブック』（中村文子・ボブパイク著、日本能率協会マネジメントセンター）
- 『研修開発入門～会社で「教える」、競争優位を「つくる」』（中原淳著、ダイヤモンド社）
- 『研修講師養成講座』（真田茂人著、中央経済社）
- 『研修効果測定の基本～エバリュエーションの詳細マニュアル～（ASTDグローバルベーシックシリーズ）』（ドナルド・マケイン著、霜山元翻訳、ヒューマンバリュー）
- 『研修設計マニュアル～人材育成のためのインストラクショナルデザイン～』（鈴木克明著、北大路書房）
- 『研修デザインハンドブック』（中村文子、ボブ・パイク著、日本能率協会マネジメントセンター）
- 『研修ファシリテーションハンドブック』（中村文子、ボブ・パイク著、日本能率協会マネジメントセンター）
- 『研修プログラム開発の基本 ～トレーニングのデザインからデリバリーまで～（ASTDグローバルベーシックシリーズ）』（サウル・カーライナー著、下山博志監修他、ヒューマンバリュー）
- 『講師・インストラクターハンドブック』（中村文子、ボブ・パイク著、日本能率協会マネジメントセンター）
- 『コンピテンシーを活用したトレーニングの基本～効率的な事業運営に役立つ研修開発の実践ガイド～（ATD/ASTDグローバルベーシックシリーズ）』（ウィリアム・ロスウェル／ジェームズ・グラバー著、平田謙次監修他、ヒューマンバリュー）
- 『職場が生きる 人が育つ 「経験学習」入門』（松尾睦著、ダイヤモンド社）
- 『すべてはあなたが選択している』（ウィル・シュッツ著、翔泳社）
- 『組織・人材開発を促進する教育研修ファシリテーター』（堀公俊／加留部貴行著、日本経済新聞出版社）
- 『組織における成人学習の基本～成人の特徴を理解し、主体的な学習を支援する～（ATD/ASTDグローバルベーシックシリーズ）』（ウィリアム・ロスウェル著、嶋村伸明翻訳、ヒューマンバリュー）
- 『ブレイン・ルール』（ジョン・メディナ著、小野木明恵翻訳、日本放送出版協会）
- 『プロ研修講師の教える技術』（寺沢俊哉著、ディスカヴァー・トゥエンティワン）
- 『ラーニング・ファシリテーションの基本 ～参加者中心の学びを支援する理論と実践～（ATD/ASTDグローバルベーシックシリーズ）』（ドナルド・マケイン／デボラ・デイビス・トビー 著、香取一昭翻訳、ヒューマンバリュー）
- 『リーダーシップ開発の基本～効果的なリーダー育成プログラムを作る～（ASTDグローバルベーシックシリーズ）』（カレン・ローソン著、永禮弘之監修、長尾朋子翻訳）
- 10 Steps to Successful Facilitation, 2nd Edition, Association for Talent Development, Association for Talent Development
- Brain-Based Learning: The New Paradigm of Teaching, Eric P. Jensen, Corwin
- Brain Power: Unlock the Power of Your Mind, J.Graham Beaumont , Grange Books Ltd
- Designing Brain-Compatible Learning, Gayle H. Gregory, Terence Parry, Corwin
- Evidence-Based Training Methods: A Guide for Training Professionals, Ruth Colvin Clark, AST
- Facilitation Basics, 2nd Edition, Donald V. McCain, ATD Press

- Facilitation Skills Training (ATD Workshop Series), Kimberly Devlin, Association for Talent Development
- How Learning Works: Seven Research-Based Principles for Smart Teaching, Susan A. Ambrose, Michael W. Bridges, Michele DiPietro, Marsha C. Lovett, Marie K. Norman, Jossey-Bass
- How People Learn: Brain, Mind, Experience, and School: Expanded Edition, Bransford, John D , Brown, Ann L. , and Cocking, Rodney R. Editors, National Academy Press
- How the Brain Learns 4th Edition, David A. Sousa, Corwin
- Human Learning and Memory, David A. Lieberman, Cambridge University Press
- Learner-Centered Teaching: Five Key Changes to Practice 2nd Edition, Maryellen Weimer, Jossey-Bass
- Master Trainer Handbook: Tips, Tactics, and How-Tos for Delivering Effective Instructor-Led, Participant-Centered Training
- Mind, Brain, & Education: Neuroscience Implications for the Classroom, David A. Sousa, Editor, Solution Tree
- Mind, Brain, and Education Science: A Comprehensive Guide to the New Brain-Based Teaching, Tracey Tokuhama-Espinosa, W. W. Norton & Company
- Memory, Mind & Emotions, Ph.D. Maggie Greenwood-Robinson, Rodale Press
- Powerful Presentations Volume 1, Bob Pike, Betsy Allen
- Powerful Presentations Volume 2, Bob Pike, Betsy Allen
- Soundtracks for Learning: Using Music in the Classroom, Chris Boyd Brewer, LifeSounds Educational Services
- A Taxonomy for Learning, Teaching, and Assessing, : A Revision of Bloom's Taxonomy of Educational Objectives, Complete Edition, Lorin W. Anderson, Addison Wesley
- SCORE! for Webinar Training, Volume 5, Becky Pike Pluth, Rich Meiss, Darlene Christopher, Wendy Gates Corbett, Scott Enebo, Jennifer Hofmann, Cindy Huggett, Jaime Pylant
- Teaching to the Brain's Natural Learning Systems, Barbara K. Given, Association for Supervision & Curriculum Development
- Ten Best Teaching Practices: How Brain Research and Learning Styles Define Teaching Competencies, Donna E. Walker Tileston, Corwin
- The Great Memory Book, Karen Markowitz , Eric P. Jensen, Corwin
- The Jossey-Bass Reader on the Brain and Learning, kurt W. Fischer editor, Jossey-Bass
- The Learning Brain : Lessons for Education, Sarah-Jayne Blakemor, Uta Frith, Blackwell
- The New Science of Learning: How to Learn in Harmony With Your Brain, Terry Doyle, Todd Zakrajsek, Stylus Publishing
- The Working Memory Advantage, Tracy Alloway, Ross Alloway, Simon & Schuster
- Tuning the Human Instrument: An Owner's Manual, Steven Halpern, Spectrum Research Institute
- Unlimited Memory: How to Use Advanced Learning Strategies to Learn Faster, Remember More and be More Productive, Kevin Horsley, TCK Publishing
- Use Both Sides of your Brain, Tony Buzan, Plume
- Virtual Training Tools and Templates: An Action Guide to Live Online Learning Cindy Hugget, Cindy Huggett, Amer Society for Training &; Illustrated
- Webinars With Wow Factor, Becky Pike Pluth, Pluth & Pluth

●中村文子

ダイナミックヒューマンキャピタル株式会社　代表取締役
ボブ・パイク・グループ認定マスタートレーナー

神戸市外国語大学を卒業。P&G、ヒルトンホテルにて人材・組織開発を担当後、2005年にダイナミックヒューマンキャピタルを設立。クライアントは製薬、電機メーカー、保険・金融、ホテル、販売・サービス業、さらには大学・学校と多岐にわたる。「世の中から、退屈で身にならない研修を減らす」ことをミッションに、講師・インストラクター・社内講師養成、研修内製化支援に注力。教育制度構築、階層別研修、コミュニケーションスキル研修などの分野でも活動中。著書に『講師・インストラクターハンドブック』『研修デザインハンドブック』『研修アクティビティハンドブック』『研修ファシリテーションハンドブック』（いずれも日本能率協会マネジメントセンター）、「SCORE! Super Closers, Openers, Revisiters, Energizers Vol. 3」（共著、Creative Training Productions LLC）。

●ボブ・パイク　Bob Pike

ボブ・パイク・グループ創設者・元会長

「参加者主体」の研修手法についての著書『クリエイティブ・トレーニング・テクニック・ハンドブック　第3版』（日本能率協会マネジメントセンター刊、現「Master Trainer Handbook」）は講師養成の分野でのベストセラー。ほかにも20冊以上の著書をもつ。「参加者主体」の研修手法は全世界30か国以上で12万人以上が受講している。アメリカで優れたスピーカーに与えられる称号CSP（Certified Speaking Professional）をもち、人材開発の世界的機関ATD（Association for Talent Development）ではレジェンダリー・スピーカーとして称えられている。人材開発、講師養成の分野で50年の経験をもち、2007年には、人材育成分野でもっとも影響を与えたリーダーに贈られる賞を受賞している。

オンライン研修ハンドブック

2021年3月30日　　　初版第1刷発行
2022年4月10日　　　　第3刷発行

著　　者——中村文子、ボブ・パイク
　　　　　　©2021 Ayako Nakamura, Bob Pike
発 行 者——張 士洛
発 行 所——日本能率協会マネジメントセンター
〒103-6009　東京都中央区日本橋 2-7-1 東京日本橋タワー
TEL　03(6362)4339(編集)／03(6362)4558(販売)
FAX　03(3272)8128(編集)／03(3272)8127(販売)
https://www.jmam.co.jp/

装丁、本文デザイン——玉村幸子
ＤＴＰ————株式会社明昌堂
イラスト————玉村幸子
印 刷 所————広研印刷株式会社
製 本 所————株式会社三森製本所

ISBN 978-4-8207-2884-9　C2034
落丁・乱丁はおとりかえします。
PRINTED IN JAPAN